Friedrich · Rathmann · Voigt | Ego oder Öko?

[Was bedeutet das alles?]

Marion Friedrich
Joachim Rathmann
Uwe Voigt

Ego oder Öko?

Narzissmus und ökologische Krise

Reclam

RECLAMS UNIVERSAL-BIBLIOTHEK Nr. 14499
2024 Philipp Reclam jun. Verlag GmbH,
Siemensstraße 32, 71254 Ditzingen
Gestaltung: Cornelia Feyll, Friedrich Forssman
Druck und Bindung: Esser printSolutions GmbH,
Untere Sonnenstraße 5, 84030 Ergolding
Printed in Germany 2024
RECLAM, UNIVERSAL-BIBLIOTHEK und
RECLAMS UNIVERSAL-BIBLIOTHEK sind eingetragene Marken
der Philipp Reclam jun. GmbH & Co. KG, Stuttgart
ISBN 978-3-15-014499-2

www.reclam.de

Inhalt

You're so vain
I bet you think this song is about you
Don't you don't you don't you?

Carly Simon

1. Einleitung

Zwei Gespenster gehen um in unserer Zeit: der Narzissmus und die ökologische Krise. Oder handelt es sich vielleicht doch nur um ein einziges Gespenst, das in zweierlei Gestalt auftritt?

Narzissmus ist zu einer Modediagnose geworden, weit über den therapeutischen und klinischen Bereich hinaus, wie jede Anfrage an eine Suchmaschine im World Wide Web rasch bestätigen wird. Wer sich von anderen falsch behandelt glaubt, attestiert ihnen nur zu gerne eben jene Persönlichkeitsstörung. Wessen Liebe enttäuscht wird, wer im Beruf das Nachsehen hat, wer sich beleidigt oder gekränkt fühlt, steckt die Verantwortlichen gerne in die Narzissmus-Schublade. Und solche Zuschreibungen werden dann gerne auch zurückgespielt.

Zwar haben die europäischen klinischen Diagnose-Handbücher zunehmend von dem Etikett einer narzisstischen Persönlichkeitsstörung Abstand genommen, doch können laienhafte Diagnosen auch Treffer erzielen, die sich nicht nur dem Zufall verdanken: Schließlich scheint unsere Gesellschaft selbst immer narzisstischer zu werden, Narzissmus zu fördern und zu bedingen. Charakterisieren wir Narzissmus vorläufig als Egozentrik, Empfindlichkeit, Empathiearmut und Entwertung anderer Personen. Nehmen wir diesen ersten Definitionsversuch ernst, dann zeigen sich hier Eigenschaften, die Karrieren fördern können. Und der Befund ist eindeutig: Insbesondere in den oberen Chefetagen ist die Quote narzisstischer Persönlichkeiten um das Drei- bis Vierfache höher als im Bevölkerungsdurchschnitt. Insgesamt können wir davon ausgehen, dass ca. fünf Prozent der Bevölkerung eine narzisstische Störung aufweist. Je stärker sich dabei Empathiearmut und Abwertung anderer Menschen ausprägen, desto mehr bewegt sich die grundsätzliche Ausrichtung eines Menschen sogar in die Richtung einer Psychopathie.

Diese Krise der Innenwelt wird auffällig flankiert von einer Krise der Außenwelt, wie Ludwig Klages (1872–1956) bereits 1914 in *Mensch und Erde* feststellte:

> Eine Verwüstungsorgie ohnegleichen hat die Menschheit ergriffen, die »Zivilisation« trägt die Züge entfesselter Mordsucht, und die Fülle der Erde verdorrt vor ihrem giftigen Anhauch. So also sehen die Früchte des »Fortschritts« aus![1]

Die Folgen dieses ›Fortschritts‹ sind uns heute nur allzu vertraut. Wenn in zuvor kaum berührte Ökosysteme eingegriffen wird, können unter anderem neue Übertragungswege für Zoonosen geschaffen werden, also für von z. B. Bakterien oder Viren verursachten Infektionskrankheiten, die vom Tier auf den Menschen und umgekehrt übertragen werden und dadurch Pandemien auslösen können. Klages scheint das schon geahnt zu haben:

> [...] so geht es fort bis zu den schlimmeren Rückschlägen der verwundeten Natur exotischer Länder in Gestalt jener furchtbaren Seuchen, die sich an die Ferse des »zivilisierten« Europäers heften.[2]

1 Klages 1974, S. 619.
2 Ebd., S. 614.

Fortwährend drohende Pandemien bilden nur eine Facette der ökologischen Krise, die wir derzeit erleben. Weitere Aspekte sind aus dem öffentlichen Diskurs nur allzu vertraut: Klimawandel einschließlich Erderwärmung und extremen Wetterereignissen, Plastikflut, Artensterben, übergroßer Ressourcenverbrauch, um nur einige zu nennen. Jeder dieser Faktoren ist schon für sich allein gesehen bedrohlich. Ihr Zusammenwirken tendiert jedoch dazu, das gesamte System Erde zu destabilisieren und die Lebensbedingungen auf diesem Planeten auf unabsehbare Weise negativ zu beeinflussen. Dies beruht offenkundig auch auf menschlichen Eingriffen in die Umwelt, die dadurch zu Mitwelt wird, für die wir Verantwortung tragen, wie es schon Klages implizit gesehen hat. Das kann vielleicht im Einzelfall, aber nicht insgesamt abgestritten werden. Die Folgen dieser Eingriffe betreffen längst nicht allein Europa, sondern unsere gesamte Welt und die darin vorfindliche Natur – Natur hier verstanden als der Zustand der Umwelt, der der Umwandlung in Kulturlandschaften vorausgegangen ist und in ihnen teilweise noch andauert – als Teil der Mitwelt, den wir zwar auch schon überformt haben, der aber immer noch auch eigene Formen zeigt, denen wir begegnen können.

Ein unmittelbarer lebensweltlicher Bezug zu der so verstandenen Natur, die durch die ökologische Krise gefährdet wird, geht vielen Menschen, und vor allem vielen jungen Menschen, zunehmend verloren. Die Krise zeigt und verstetigt sich gleichsam im Kleinen und bei den Kleinen. Denn mehr als die Hälfte der Weltbevölkerung lebt inzwischen in Städten, mit zunehmender Tendenz.

Verstädterung bedeutet: versiegelte Flächen, Belastung

der Luft, Verkehrslärm, extreme soziale Dichte und zugleich soziale Vereinzelung. Ansteigende Weltbevölkerung, medizinischer Fortschritt und bessere Lebensbedingungen können nicht darüber hinwegtäuschen, dass neue Probleme aufkommen wie ›Zivilisationskrankheiten‹, also gesundheitliche Störungen, die von zivilisatorischen Einflüssen begünstigt oder ausgelöst werden. Verunreinigung von Luft und Wasser, Missbrauch von Genussmitteln, Stress, einseitige Belastungen, Unsicherheit und Ängste kommen hinzu. Zahlreiche Krankheitsbilder wie Verdauungs- und Stoffwechselstörungen, Karies, Kreislaufstörungen – und eben mannigfache psychische Schwierigkeiten sind immer häufiger die Folge.

Als gesundheitliche Belastung können wir auch die sogenannte ›Nature Deficit Disorder‹ (NDD) verstehen, den Mangel an authentischer Naturerfahrung und an Interaktion mit Natur: In einem urbanen Umfeld wachsen Kinder bestenfalls mit Haustieren, aber ohne reichhaltige Tier- und Pflanzenwelt in der direkten Umgebung auf. Diesen Kindern fehlen Kontakte mit der Natur, für frühere Generationen selbstverständliche Kindheitserfahrungen. Oft haben Kinder früher Elefanten im Zoo gesehen als einen Hasen auf einem Feld, sind früher im Mittelmeer geschwommen, als dass sie eine Höhle im Wald gebaut hätten. Naturerleben ist heute oft TikToks zu Abenteuerurlauben gleichzusetzen. Diese eingeschränkten Erfahrungsmöglichkeiten können leicht die Motivation schmälern, sich für den Erhalt von Biodiversität einzusetzen: Wer kennt Natur noch als unverbaute Fläche, als Landschaft, die nicht zu einem bestimmten Zweck umgestaltet und genutzt wird?

All dies unterbricht eine unmittelbare Verbindung zur umgebenden Natur, da viele Annehmlichkeiten des Alltags – etwa beheizte oder klimatisierte Wohnungen, Fernsehen, Computer und Internetanschluss – unter großem Ressourcenverbrauch Anreize setzen, vermehrt Zeit drinnen zu verbringen, während die in ihrer Biodiversität verarmte urbane Wohnumgebung immer weniger Gelegenheiten bietet, mit der Außenwelt in Kontakt zu treten. Zugleich begleitet diese Verlusterfahrung die Wehmut der Erwachsenen darüber, dass die Kinder anders als früher nicht mehr so oft rausgehen, nicht mehr auf Bäume klettern und sich draußen frei bewegen. Erinnert man sich auf diese Weise zurück, läuft man leicht Gefahr, die Zeit der eigenen Kindheit zu verklären und damit zu verdrängen, dass auch damals schon Umwelt zerstört worden ist und Kinder ihre eigene Erfahrung nicht ausreichend in Handlungen zum Schutz der Natur umgesetzt haben: Die EINE, immer vorhandene und unveränderte Umwelt, die eine Natur, die es zu bewahren gilt, gibt es nicht und hat es nie gegeben.

In diesem Zusammenhang könnte ein gewisser Narzissmus sowohl im Verhältnis zur Natur als auch bei den Generationen untereinander im Spiel sein. Die beiden Krisen, von denen zu Beginn die Rede war, erwecken zumindest den Anschein, sich wie zwei Seiten einer Medaille zueinander zu verhalten. Es liegt sogar das Bild eines Möbiusbands nahe, das aus der Unterhaltungsmathematik in der Schule bekannt sein mag und leicht zu erzeugen ist: Verdrehen wir einen länglichen Papierstreifen in sich und kleben seine Enden aneinander, entsteht ein Gebilde, das erstaunlicherweise nur *eine einzige Seite* hat, auch wenn es zunächst so scheint, als wären es zwei. Anders ausgedrückt: Haben wir uns damit abzufinden, dass Narzissmus mehr und mehr Teil einer Normalität wird, die ihre eigenen Grundlagen untergräbt? In diesem Buch gehen wir jenem Anschein nach und versuchen aufzuzeigen, warum wir uns mit bedrohlichem Narzissmus nicht abfinden müssen und wie wir ihn nutzen können – zum Wohl von Natur und Mitmenschen und in direkter Umkehrfolge, wenn nicht zur vollständigen Überwindung des Narzissmus, zumindest doch zu dessen Abschwächung. So profitiert auch der Narzisst selbst von der Instrumentalisierung seines selbstbezogenen Verhaltens.

Der Ansatz, den wir dabei verfolgen, lässt sich als dialektisch bezeichnen: Wir stellen verschiedene, scheinbar einander widersprechende Aspekte einander gegenüber und versuchen sie zusammenzubringen, zu einer Synthese zu führen. Diese Synthese wird darin bestehen, nicht etwa den Narzissmus oder gar die von ihm Betroffenen loswerden zu wollen, sondern narzisstische Schwächen auch und gerade in der Ökokrise nutzbar zu machen. Wenn wir die narzisstische Bedürftigkeit nach Lob und Exzellenz als menschliches Bedürfnis nach Anerkennung und Besonderheit erkennen und wenn wir zeigen, dass sich dieses Bedürfnis in der Begegnung mit Natur kultivieren lässt, dann können sich daraus entsprechende Strategien ergeben, auch die von Narzissmus Betroffenen dazu zu motivieren, mehr für die Umwelt zu tun – was auf der anderen Seite positiv auf diese zurückkoppelt: Nicht nur erhalten sie auf diese Art die so dringend benötigte Anerkennung, auch das direkte Erleben mit der lebenden Natur als Mitwelt, als Du, wirkt psychisch stabilisierend, wenn nicht gar heilend.

Wenn zudem klar werden sollte, dass das uns Menschen als Herdenwesen und Säugetieren angeborene Grundbedürfnis nach Anerkennung bei Narzissten zu einer konstanten Bedürftigkeit übersteigert ist, die nach Bewunderung giert, lässt sich daraus auch ersehen, wie diese Schwäche im ökologischen Sinn positiv für alle genutzt werden kann, handelt es sich doch um eine Schwäche, die große Leistungsbereitschaft und hohen Ehrgeiz mit sich bringt und sich daher auch als Stärke erweisen kann.

So kann das narzisstische Streben nach Einzigartigkeit genutzt werden, um einen konstruktiven Beitrag zu leisten, und Narzissmus mag eine Basis für vehementen und zuverlässigen Einsatz beim Schutz unserer Umwelt und ihrer Lebewesen darstellen.

2. Der Narzissmus

Es soll hier nicht darum gehen, Narzissmus zu verurteilen. Er soll vielmehr für die Bewältigung der Ökokrise nutzbar gemacht werden. Zu diesem Zweck gilt es zunächst, zu verstehen, was Narzissmus überhaupt ist. Um den psychischen Hintergrund zu verstehen, hilft ein psychologischer, von C. G. Jungs (1875–1961) Psychologie der Archetypen inspirierter Blick auf den mythischen Namensgeber des Narzissmus, Narkissos, genauer: auf den frühen Verlust des ›Du‹, an dem dieser zu leiden hatte.

Das problematische Verhältnis zum Anderen, das sich hier abzeichnet, soll anhand der Themenbereiche »Narzissmus und Freundschaft« sowie »Narzissmus und Liebe« im Folgenden genauer untersucht werden. Über die engmaschigen Beziehungen in diesen Bereichen hinaus erweist sich der Narzissmus dabei schnell als umgreifendes, kulturelles Phänomen. Dessen ganzer Umfang und ganze Dramatik zeigen sich schließlich aus einer entwicklungsgeschichtlichen Perspektive heraus.

2.1 Ein Mythos und sein Hintergrund: Der frühe Verlust des ›Du‹

Die gegenwärtige Rede von einer ›narzisstischen Persönlichkeitsstörung‹ bezieht sich lediglich auf eine von vielen möglichen Deutungen des Mythos, der sich um den griechischen Antihelden Narkissos rankt. Den Tod dieses 16-jährigen Schönlings fasst jene Deutung ausgerechnet auf eine Weise, die aus psychologischer Sicht gesehen verfälschend ist: Sie stellt Narziss als selbstverliebten rücksichtslosen Egomanen dar, der den Wesen, die ihn lieben, aus Arroganz und Selbstbezogenheit eine böse Abfuhr erteilt. Wenn einer Person heute vorschnell Narzissmus zugeschrieben wird, dann meint dies dementsprechend meistens ein herablassendes, überhebliches, aggressives und beleidigt-beleidigendes Auftreten.

Die mythologische Gestalt des Narkissos weist bei näherem Hinsehen jedoch andere Facetten auf. Diese vielfältigen Facetten des Narkissos-Mythos beschreibt Friedrich Wieseler (1811–1892) 1856 in seiner Studie »Narkissos. Eine kunstmythologische Abhandlung nebst einem Anhang über die Narcissen und ihre Beziehung im Leben, Mythos und Cultus der Griechen«, die von Psychologie und Psychoanalyse zu Recht ausgiebig rezipiert worden ist: Sie rückt Narkissos und seinen Tod in ein anderes Licht und weist auf einen für Narzissmus wesentlichen Faktor hin: Es geht um den frühen Verlust des ›Du‹.

Wir haben uns daran gewöhnt, Narkissos als jemand zu sehen, der in sein eigenes Spiegelbild verliebt ist. Eine Wendung in einer der Urquellen des Mythos, in Ovids Metamorphosen, gibt zudem Anlass zu einer psychopathologischen Deutung dieser Selbstverliebtheit: Narkissos entstammt einer Verbindung zwischen dem Flussgott Kephissos und der Quellnymphe Leiriope. Ovids Version des Mythos lässt sich so lesen, als habe Kephissos dabei Leiriope Gewalt angetan. Auf dieser Version gründet also die Annahme, Narkissos stamme aus einer Vergewaltigung.

Diese Annahme hat sich in der Psychoanalyse allgemein durchgesetzt und mit weiteren Vorstellungen verbunden: Narkissos sei vaterlos aufgewachsen; er habe seinen Vater gesucht; seine Beziehung zur Mutter sei von Anfang an negativ geprägt gewesen usw.

In den verschiedenen Versionen der Mythologie gilt als zentrales Motiv bei Narkissos jedoch nicht die Selbstverliebtheit, sondern sein Blick ins Wasser (der bei seiner Abstammung von einem Flussgott und einer Quellnymphe ja auch durchaus naheliegt). In einer der Fassungen des Mythos ist es auch nicht Narkissos selbst, den sein Blick sehnsuchtsvoll zu sehen meint, sondern das Abbild eines verlorenen Gegenübers: Er ist in jener Fassung einzig und allein aus dem Grunde verzweifelt, weil gerade seine innig geliebte Zwillingsschwester verstorben ist. Am Ende nimmt sich Narkissos in dieser Version das Leben, indem er in eine Quelle springt, aus der ihm seine Schwester entgegenzusehen scheint, weil er sich darin selbst spiegelt.

Unabhängig davon, ob nun der junge Mann (Narkissos starb im Alter von 16 Jahren, so die meisten Versionen des Mythos) Schwester, Vater oder auch die Mutter als wohlwollende Bezugsperson verloren (oder nie gekannt) hatte: Er hatte einen existenziell bedeutsamen Verlust erfahren und vermisste eine ihm liebevoll zugewandte Person schmerzlich. Dass er den erotischen Avancen einiger Männer und der Nymphe Echo nicht entgegenkam, darf ihm also sicher nicht angelastet werden. Doch wird ihm in der Literatur genau das zur Last gelegt: dass er dem Liebesdrängen seiner Anhänger nicht nachgab. Heutzutage würde die Tatsache, dass Narkissos von den ihn Verehrenden so massiv bedrängt wurde, als ›Stalking‹ eine einstweilige Verfügung im Sinne eines Näherungsverbots nach sich ziehen. Doch wir beurteilen sein Verhalten weiterhin, als ob die Nymphe und die in Narziss verliebten Männer sozusagen ein Anrecht auf seine – auch körperliche! – Zuneigung gehabt hätten, als habe er aus reiner Selbstbezogenheit seine Verehrer nicht erhört.

Doch ist es in der Tat verwerflich, sexuelle Avancen von Menschen zurückzuweisen, für die keine Sympathie oder Begierde empfunden wird? Ist eine Person allein schon deshalb, weil sie aufgrund äußerlicher Attribute wie ihrer Schönheit begehrt wird und jemand unter einer Zurückweisung leiden könnte, dazu verpflichtet, sich auf ein erotisches Intermezzo einzulassen?

Eine Ausnahme unter den erwähnten einseitigen Narkissos-Deutungen stellt die Version des kulturgeschichtlich wohlinformierten Psychoanalytikers Otto Rank (1884–1939) von 1911 in seiner Studie »Ein Beitrag zum Narzissmus« dar. Er stellt unterschiedliche Möglichkeiten heraus, den Versuch des Narkissos zu interpretieren, sich selbst im spiegelnden Wasser festzuhalten. Rank berücksichtigt dabei auch den Schmerz und die Verzweiflung des Narkissos:

a) Narkissos leidet unter dem Tod seiner Zwillingsschwester.
b) Narkissos vermisst und sucht seinen Vater.
c) Narkissos sucht und sieht seine Mutter in der Quelle.

Entsprechend all diesen Auslegungen bleibt der junge Mann auf sich allein gestellt. Er muss ohne die (asexuelle) Liebe im Sinne von *agapê* auskommen, ohne die unbedingte, wohlwollende und nicht fordernde Zuneigung seiner Angehörigen. Stattdessen stellen ihm ältere Männer und eine Nymphe nach, die ihn alle nicht um seiner selbst willen begehren: Seine Schönheit, seine äußere Erscheinung ist es, was die Aufmerksamkeit und die Gier seiner Mitgeschöpfe auf sich zieht. Sie werten seine Zurückweisung, seine fehlende Gegen-Begierde, als persönliche Beleidigung. Echo verliert sich sogar derart in ihrer Obsession und Kränkung, dass sie als eigenständige Person völlig verblasst und nur als ein stimmlicher Widerhall weiterexistiert.

Aus psychologischer Perspektive gesehen lässt sich das so deuten: Aus einer ausgeprägten neurotischen Charakterstruktur heraus fällt Echo auf ein frühkindliches Niveau zurück, regrediert also und wird magersüchtig bzw. anorektisch, auch, um den angeblichen Täter – Narkissos, der sie nicht erhörte – zu strafen.

Wenn nun einer Facette des Mythos zufolge die vergeltende Gottheit Rhamnusia (auch als Rachegöttin Nemesis bekannt) Narkissos bestraft, weil er die Liebe, die ihm als sexuelle Begehrlichkeit entgegengebracht wurde, nicht bedient, zeugt dies von einem eher eigensinnigen und kindischen Verständnis von Liebe. Narkissos büßt seine verweigerte Hingabe an Nymphen und ältere Männer, indem Nemesis ihn verflucht und er sich in sein eigenes Spiegelbild in der Quelle verliebt. Er möchte dies Bild festhalten, ist es doch das Einzige, was sein Herz berührt. Aber eben dies gelingt ihm nicht. Darüber verzweifelt er so stark, dass er stirbt: Ihm blickt kein ›Du‹ entgegen, er ist verlassen und auf sich selbst zurückgeworfen, ohne dabei ein ›Ich‹ fassen zu können.

Doch was versucht Narkissos eigentlich festzuhalten? Sieht er seine tote Schwester in seinem eigenen Gesicht, sieht er seinen Vater oder seine Mutter, beides Wasserwesen, in den ihnen angestammten Fluten? Vergeht er wirklich vor Sehnsucht nach sich selbst – oder nicht vielmehr vor dem unerträglichen Schmerz des Verlusts seines Bezugs?

So oder so scheint er auf der Suche nach Resonanz zu sein, einem Phänomen, dessen grundlegende Bedeutung in unserer Zeit der Soziologe Hartmut Rosa (*1965) herausgestellt hat: Wir Menschen sind als Säugetiere Beziehungswesen, wir brauchen unbedingt andere Menschen, die uns Rückmeldung geben. Ohne die Spiegelung durch die anderen können wir uns vor allem in unseren frühen Kindheitsjahren der eigenen Existenz nicht bewusstwerden, können wir uns nicht als ›Ich‹ entwickeln und uns abgrenzen. Wie der Religionsphilosoph Martin Buber (1878–1965) betont hat, kommt es einer existenziellen Bedrohung gleich, kein Gegenüber zu haben.

Und doch geht der Möglichkeit, ein Gegenüber zu haben, mit anderen Menschen in Beziehung zu treten, die Fähigkeit zur Ur-Distanz voraus: Bedingung für Beziehung, also für das Bezugnehmen auf ein anderes Wesen oder eine andere Seins-Sphäre, ist zuerst die Bezugnahme auf sich selbst. Die Urdistanz meint also primär die Basis menschlicher Beziehungen, in denen der Mensch erst zum Menschen wird.

Dabei kann ein ›Ich‹ der Mitwelt als ›Es‹ oder als ›Du‹ gegenübertreten. Im ersten Fall ist die Welt und sind Lebewesen als ›Es‹ erfahrbar und nutzbar. ›Es‹ lässt sich dabei nach dem Prinzip von Ursache und Wirkung verstehen. Ich kann die Welt und die Menschen dann als zweckdienlich erleben; ich ordne den anderen in ein Gesamtgefüge ein, das mir gegenübersteht.

Wenn das ›Ich‹ die Mitwelt auf diese Weise als ›Es‹ erlebt, sucht es Ursache und Wirkung, Reaktion und Berechenbarkeit. Gesetzmäßigkeiten werden aufgedeckt, Handlungen werden wirksam. Dabei erfahre ich meine Umgebung jedoch eben nur als Um-Welt.

Um die Welt und die Menschen dergestalt beobachten und verstehen zu können, gilt es, Distanz zu wahren. Das ›Es‹ bleibt mithin passives Objekt, dem sich das aktive ›Ich‹ zuwendet. Dieses Ich–Es ist der primäre Zustand eines jeden Menschen, gestattet jedoch keine wirkliche Begegnung.

Das Bewusstsein einer Mitwelt entsteht in einem Ich–Du.

In drei Sphären erfährt der Mensch das ganzheitliche ›Du‹: Die Natur, die Mitmenschen und das Geistige treffen als Subjekt auf das Subjekt Mensch und erzeugen damit die volle menschliche Wirklichkeit. Und diese Begegnung geschieht unmittelbar, dient keinem anderen Zwecke als sich selbst.

Für einen flüchtigen Augenblick ist die alltägliche Ich-Es-Beziehungswelt des Menschen unterbrochen. Hier blickt für einen Moment die Welt als anderes Ich, als mein ›Du‹, zurück und erlaubt mir, dieses Du und damit mich im innersten Wesen zu erfassen. Ich werde ein Ich, denn das Du erkennt mich und nennt nun mich ›Du‹.

Erst im Wahrnehmen eines ›Du‹ kann also ›Ich‹ entstehen (nicht zufällig sprechen Kleinkinder zunächst von sich selbst in der zweiten oder dritten Person Singular). Das Selbst-Bewusstsein, die Ich-Identität entwickelt sich durch ein kontinuierliches Ausbalancieren zwischen der sozialen Identität – dem Bedürfnis nach Gleichheit und Gemeinsamkeit – und der persönlichen Identität – dem Bedürfnis nach Einzigartigkeit und Individualität. In der Reibung zwischen mir und dem anderen entsteht mein Gewahrwerden, die Wahrheit meines Selbst.

›Ich‹ ist also Resultat sozialer Erfahrungen innerhalb einer ein ›Du‹ bildenden Mitwelt. Die erste Spiegelung des Ichs am Du, das Herausbilden eines ›Wir‹, erlaubt dann im Individuationsprozess eine Erfahrung der eigenen Identität; eine Erfahrung, die selbstbestimmt ist und in der sich dadurch die Autonomie des sie vollziehenden Subjekts widerspiegelt.

Der Mensch sollte daher in seiner Ganzheit als interagierendes Wesen verstanden werden – umso mehr, wenn wir wie im Falle des Narzissmus von Persönlichkeitsstörungen sprechen, die sich ja vor allem als Beziehungsstörungen, also als Störungen im Zusammenhang mit anderen Menschen, manifestieren. Also kann erst dann, wenn auch die Beziehung des Menschen zur Natur, zu den Mitmenschen und zu den geistigen Phänomenen mitberücksichtigt wird, die gesamte Lebenswirklichkeit des Menschen angemessen erfasst werden. Die Betrachtung echter Zwischenmenschlichkeit vermittelt daher zwischen individualistischer und kollektivistischer Perspektive. Martin Bubers Ausspruch »Ich werde am Du. [...] Alles wirkliche Leben ist Begegnung«[3] verdeutlicht die unbedingte Notwendigkeit eines Gegenübers. Eigene Identität kann nur in Relation zu einer umgebenden Welt, abgrenzend von einem Gegenüber, gebildet werden.

Diese Erfahrung fehlt Menschen mit narzisstischen Verletzungen meistens und kann im Erwachsenenalter am ehesten als Begegnung mit der nicht bewertenden, nicht fordernden, nichts wollenden Natur nachgeholt werden. Denn nur in einem allumfassenden Angenommensein, in einem bedingungslosen Wohlwollen, können derartig tief-

3 Buber 2006, S. 17.

greifende Defizite in meiner Ich-Erfahrung aufgeholt werden. In einer zwischenmenschlichen Beziehung scheint es dagegen ungleich schwieriger zu sein, dem anderen ohne Erwartung, ohne implizite oder explizite Bewertung gegenüberzutreten.

Wenn Natur in einer Ich-Du-Begegnung als wohlwollend und anspruchslos erfahren wird, begegnen sich dabei zwei Subjekte, die sich im besten Fall nicht überlagern und usurpieren, die einander nicht ge- oder missbrauchen. Ich und der andere werden dabei genau so angenommen, wie ich bin, wie er oder sie ist. Ich und Du werden in ihrer ganzen ›Anderheit‹ akzeptiert, das ›Zwischen‹ entsteht: In diesem Aufeinandertreffen verwirklicht sich das Prinzip des Menschseins, das dialogische Prinzip Martin Bubers.

Übertragen auf den Mythos bedeutet dies: Narkissos hat die Unbedingtheit der Beziehung verloren, sollte er je etwas Ähnliches gekannt haben. Die Menschen, die ihm noch bleiben, begegnen ihm eben nicht erwartungslos. Sie wollen ihn gebrauchen, benutzen. Narkissos wird durch das Verlangen der anderen verdinglicht, er wird zu einem reinen Es ohne Chance einer Ich-Werdung. Und dieses Verständnis lässt sich auch auf dessen Gefolge übertragen: Die Nymphe Echo, von Hera bestraft, hat ihre eigene Sprache verloren, kann nie mehr als ›Ich‹ einem ›Du‹ entgegentreten – sie ist dazu verdammt, beziehungslos zu sein, kann als Echo qua Echo nur inhaltslos die Enden von Sätzen nachplappern. Diese Beziehungsunfähigkeit betrifft auch die männlichen Verehrer des Narkissos, etwa Ameinias, der so weit geht, sich selbst zu töten, als er schlussendlich feststellen muss, dass Narkissos seinem erotischen Drängen nicht nachkommen wird. Ähnlich wie Echo begibt sich der Täter, der zunächst übergriffig vorgeht, nachdem er zurückgewiesen wurde, in die Opferrolle und beschuldigt sein vormaliges Opfer damit der Täterschaft.

Eine solche Umwertung bzw. Verdrehung der Verhältnisse ist auch häufig bei echten narzisstischen Persönlichkeitsstörungen zu beobachten: Wird eine Kränkung real erlebt oder auch nur als Kränkung empfunden und scheitern aggressive Ermächtigungsversuche, dann dreht der Narzisst den Spieß kurzerhand um und beschuldigt sein Opfer, der eigentliche Täter zu sein. Im Mythos des Narkissos verhalten sich diejenigen so, die dem jungen Narkissos nachgestellt haben.

Dass aus dem Blut des Narkissos die Blume Narzisse erstmals entsprossen sein soll, die ihrerseits zwar schön, aber kurzlebig ist, mag den Logiker verblüffen: Wenn Narkissos ertrank – woher dann das Blut? Eine Auslegung des Mythos bei Wieseler versucht, dies Problem zu lösen: Ihr zufolge wurde Narkissos von einem abgelehnten Liebhaber erschlagen.

Gemeinsam ist allen Auslegungen, dass Narkissos letzten Endes starb, weil er sich den Übergriffen anderer Menschen entziehen wollte, die ihn nicht als echtes ›Du‹, sondern als ›Es‹ sahen. Echo wie auch seine männlichen Verehrer begegneten ihm dabei egozentrisch, empathielos, empfindlich gekränkt und entwertend – im psychopathologischen Sinne also: narzisstisch. Hier wird der psychologische Prozess der Projektion beschrieben: Das eigene Verhalten wird nach außen projiziert, dort diagnostiziert und bekämpft.

Kommen wir auf die als Narzissmus bezeichnete tiefgreifende Persönlichkeitsstörung zurück: Der aktuelle inflationäre Gebrauch dieser Bezeichnung und die Neigung, nicht genehme Mitmenschen mit der entsprechenden Diagnose zu belegen, verunklart das Phänomen eher, als dass es helfen würde, es zu erklären. Gerade dann, wenn es uns darum geht, gegenüber der Mitwelt Rücksicht zu nehmen und diese zu achten, ist es jedoch unabdingbar, sich mit jener Störung auseinanderzusetzen: Denn Narzissmus gilt längst als Epidemie. Seit den 1970er Jahren und der in Fachkreisen bekannten Debatte zwischen Otto Kernberg (*1928) und Rolf Kohut (1913–1981) ist Narzissmus die wohl am häufigsten vergebene Diagnose einer Persönlichkeitsstörung. Innerhalb der Psychoanalyse haben Narzissmus-Thesen zunehmend die ödipale Triebtheorie verdrängt.

Im europäischen Raum hat sich Kernberg durchgesetzt, der im Rahmen einer evolutionspsychologischen Erklärung Narzissmus als eine pathologische Persönlichkeitsstörung versteht: als einen persönlichkeitsprägenden Stil, der grundlegend Denken und Fühlen des Betroffenen färbt, bis hinein in die erfahrenen Stimmungen und körperlichen Regulationsmechanismen, wovon dann auch die Interaktionen mit anderen bestimmt sind. Demgegenüber ist Kohuts Auffassung von Narzissmus als Entwicklungsdefizit eher in Vergessenheit geraten. Doch bereits Carl Rogers (1902–1987), der Begründer der klientenzentrierten Gesprächspsychotherapie und Leitstern am Himmel der humanistischen Therapie, vertrat seit den 1940er Jahren die Auffassung, Persönlichkeitsstörungen seien Entwicklungsdefizite, es handele sich also um eine erworbene Symptomatik, die zurückgenommen werden kann bzw. die reversibel ist, da ein Entwicklungsdefizit nachreifen kann.

Entsprechend der klassischen Definition stellt Narzissmus eine Konzentration des seelischen Interesses auf das eigene Selbst dar. Wenn die normale, notwendige und darum ›gesunde‹ Konzentration auf das eigene Selbst übersteigert wird und die Beziehungen zu anderen Menschen, die Interaktionen mit ihnen von der Beschäftigung mit dem eigenen Selbst und Selbstwert dominiert werden, wenn kontinuierliche Vergleiche mit anderen aus dem Bedürfnis heraus, bestätigt und anerkannt zu werden, und wenn Neid und Missgunst hinzukommen – dann bewegen wir uns im Bereich der narzisstischen Störung.

Man kann es dabei nicht oft genug sagen: Sie wird üblicherweise als Kontinuum aufgefasst: Je höher wir in diesem Kontinuum steigen, umso schädigender bzw. maligner bzw. destruktiver wird das narzisstische Verhalten der Selbstbehauptung und des Selbstschutzes. Am oberen Ende des Kontinuums findet sich der maligne (destruktive) Narzissmus, der an der Grenze der Behandelbarkeit liegt, sollten sich die Betroffenen überhaupt einer Therapie unterziehen. Dieses Extrem reicht schließlich hinein in den malignen Sadismus, Despotismus (Gewaltherrschaft, Tyrannei, Abhängigkeiten), falsch verstandenem Machiavellismus (»gut ist ausschließlich und nur, was mir nützt«) und in die Psychopathie.

Wohl aufgrund des früh erlebten Mangels an unbedingter Wertschätzung gleichen die von Narzissmus Betroffenen ihren zerbrechlichen, fragilen und bedrohten Selbstwert mit grandiosen Phantasien aus, in denen sie sich ihre Überlegenheit gegenüber anderen Personen und damit ihre Unabhängigkeit vorstellen und auf diese Weise den Eindruck gewinnen, selbst effizient handeln zu können. Dem gegenüber steht ein andauerndes Gefühl, minderwertig zu sein und von anderen Menschen bedroht zu werden.

Neurotisches Erleben, also starke Stimmungsschwankungen, Wutanfälle, Fremdentwertungen, die die eigene innere Entwertung also immer und immer wieder wiederholen, Zynismus und Opportunismus, Manipulation und Neid bilden typische Symptome. Dazu gesellt sich das Bedürfnis, die eigene Unbesiegbarkeit, die eigene Härte, die fehlende Dialogfähigkeit immer und immer wieder zur Schau zu stellen: Narzissten führen gerne Monologe vor anderen, belehren und dozieren. Hinzu kommen Suchttendenzen (etwa extremer Sport, Alkohol, Arbeit, Spiele oder Sexualität), nur kurzfristiger Lustgewinn durch Erfolgserlebnisse, innerliche Leere, Kritikunfähigkeit: Kritiker werden immer und ausschließlich als Feinde betrachtet. Gehäuft treten unlösbar verknüpft bzw. komorbid zu den vorher genannten Begleitsymptomen auch Depressionen, Spielsucht, Essstörungen oder chronische Suizidalität auf.

Subtilere Formen lassen sich schwerer umreißen, die eher eine erhöhte Kränkbarkeit oder Empfindlichkeit und weniger Dominanzbestreben oder offensive Aggressivität mit sich bringen und die als vulnerabler Narzissmus bekannt sind.

Bei der narzisstischen Persönlichkeitsstörung finden sich eine ganze Reihe charakteristischer Affekte wie Wut, Scham, Neid, trotziger Stolz, Rache(phantasien), Leeregefühle, Verzweiflung. Diese Affekte zeigen die zentrale Problematik der inneren Leere, des Sich-selbst-nicht-Habens, des Verlusts des ›Ich‹.

Diese Affekte unterscheiden sich bei grandiosen und vulnerablen Narzissten:

Der grandiose Subtyp des Narzissmus strebt nach Aufmerksamkeit, verlangt nach besonderer Behandlung und schätzt seine eigene Bedeutung ständig zu hoch ein. Er ist extrovertiert und sozial dominant und verhält sich im zwischenmenschlichen Verhalten manipulativ.

Der vulnerable Narzissmus generiert Minderwertigkeitserleben, negative Emotionen und hängt durch und durch von externen Quellen der Bewunderung ab. Er kennzeichnet sich durch Hypervigilanz, also ein extrem hohes Maß an unangemessener Wachsamkeit und Misstrauen, und eine Erwartungshaltung, die ihn mutmaßen lässt, andere würden ihm immer Schaden zufügen wollen. Phantasien der eigenen Grandiosität begleiten allerdings auch diesen Subtyp.

Nun lässt sich jede Persönlichkeitsausprägung, sei sie pathologisch oder gesund, als stabil gewordene Beziehungserfahrung im Zusammenhang mit einer Abwehrfunktion verstehen. Die eigene Persönlichkeit zeigt sich dabei mit einem dominierenden Merkmal. In ähnlicher Weise kann auch Narzissmus in all seinen Formen aufgefasst werden. Sein dominierendes Merkmal besteht in der strengen Zweiteilung zwischen »besser – schlechter« und »größer – kleiner«.

William R. D. Fairbairn (1889–1964) hat auf ähnliche Weise unser Verständnis vom Charakter und dessen Neurosen revolutioniert: Er entwickelte psychodynamische Hypothesen für die Bildung von verfestigten Einstellungen gegenüber anderem, Objekten und Personen, um es leichter verstehbar zu machen, warum Patienten mit schweren Persönlichkeitsstörungen ein für sie selbst tendenziell schädigendes Handeln und Erleben zeigen. Nicht Triebe, sondern Objektbeziehungen liegen demnach dem motivationalen System des Menschen zugrunde. Dabei sind Beziehung und Bindung angeborene Bedürfnisse: Die ersten Erfahrungen mit den Bezugspersonen werden verinnerlicht und aufgrund dieser Verinnerlichung als Objekt (die böse Mutter, der lieblose Vater) auf alle weiteren Beziehungen übertragen (jeder, der einem begegnet, ist dann ›die böse Mutter, der lieblose Vater‹). Das Kind erhält seine Handlungsfähigkeit, indem es sich selbst als Verursacher (und nicht als Erdulder) von erfahrener Enttäuschung sieht und die Illusion, über alles Kontrolle zu haben, aufrechterhält: Ich bin schuld, und mir geschah und geschieht ganz recht. Die dabei entstehende Scham muss in der Folge kompensiert werden.

2.2 Narzissmus und Freundschaft

Können Narzissten ein freundliches Verhältnis gegenüber ihrer Umwelt – oder sogar ein freundschaftliches gegenüber anderen Menschen aufbauen? Jedenfalls haben Narzissten Freunde; zumindest glauben sie das. Denn sie können überaus offen und charmant auf andere zugehen, wirken freundlich, herzlich und einnehmend. Daher fällt es ihnen auch oft leicht, neue Menschen kennenzulernen.

Doch was sind die Fundamente einer echten Freundschaft? Diese Frage beschäftigte schon die antike Weisheitslehre. Aristoteles (384–322 v. Chr.) ist das Thema Freundschaft so wichtig, dass er ihm zwei der zehn Bücher seiner *Nikomachischen Ethik* widmet (VIII und IX). Freundschaft ist für ihn sogar das »Notwendigste« im Leben (VIII 1).

Dabei bedeutet *philia* bei ihm etwas, das über unseren mit ›Freundschaft‹ verbundenen Sprachgebrauch weit hinausgeht. Die Art der Freundschaft reflektiert jeweils das Verhältnis, das ein Mensch zu sich selbst und zu anderen einnimmt. Dies führt zu drei Formen der Freundschaft: 1. eine am Nutzen orientierte, 2. eine lustbasierte und 3. eine tugendhafte. Letztere ist für Aristoteles die höchste Form, eine Charakterfreundschaft, die wesentlich auf ›Gleichheit‹ als einem wichtigen Prinzip der aristotelischen Ethik beruht. Freundschaft als Tugend ist frei gewählt, sie wird dies aber vor dem Hintergrund einer Gemeinsamkeit der Befreundeten, die auf diese Weise auch die Möglichkeit eröffnet, sich selbst neu zu erkennen bzw. kennenzulernen. So verstandene Freundschaft hat einen deutlichen nicht-instrumentellen Charakter. Ich benutze einen Freund nicht, um etwas zu erreichen. »Vollkommen aber ist die Freundschaft guter und an Tugend sich ähnlicher Menschen« (VIII 4, 1156b7–8). Diese Wesensgleichheit, die auf Tugend basiert, bildet das Fundament einer wahren Freundschaft. Und entsprechend ist für Aristoteles Freundschaft für Menschen ausschließlich zu Menschen möglich, nicht aber zu Göttern oder mit Dingen.

Lust- und nutzenorientierte Freundschaften sind im Vergleich zur auf Tugend basierenden Freundschaft nur auf Zeit angelegt und führen zu austauschbaren Beziehungsmustern; denn entfällt der Zweck, der zwei Menschen zusammengebracht hat, dann ist eine solche Freundschaft gefährdet oder wird schnell beendet. Indessen ändern sich die Bedürfnisse mit der Zeit: »bald ist dieses nützlich, bald jenes« (VIII 3, 1156a23–24). Entsprechende Freundschaften sind daher eher brüchig: »Die Lasterhaften haben keine Beständigkeit, da sie nicht einmal sich selbst gleich bleiben, doch werden sie auf kurze Zeit Freunde unter sich, da der eine an der Schlechtigkeit des anderen Gefallen findet«. (VIII 10, 1159b9 ff.)

Tugendfreundschaft ist demgegenüber stabil und dauerhaft, da sie auf Verbindlichkeit und einem wahren Interesse am Gegenüber gründet. Gemäß seiner Lehre von der goldenen Mitte (*mesotês*) ist Maßhalten für Aristoteles die Bedingung eines tugendhaften und damit eines glücklicherfüllten Lebens. Treffen sich zwei Menschen, die sich an Tugend gleichen, kann diese Ähnlichkeit die Basis für eine vollkommene Freundschaft werden. Diese Form der Freundschaft stellt sich nur im alltäglichen Handeln, durch Einübung im persönlichen Umgang ein. Empathische Teilhabe am Leben des anderen bildet dabei eine zwingende Voraussetzung für eine solche, wahre und gelingende Freundschaft, und diese ist für Aristoteles wiederum an tugendhafte Charaktere geknüpft.

Auch für Seneca (um 1–65 n. Chr.) kann eine wahre Freundschaft nicht auf Nutzen beruhen, wie er in seinen *Briefen an Lucilius* (I 9) ausführt.

> Wer ein Freund zu sein begonnen hat, weil es von Nutzen ist, hört auch damit auf, weil es von Nutzen ist: gefallen wird irgendein Gewinn mehr als die Freundschaft [...]. Wozu mache ich jemanden zum Freunde? Um einen Menschen zu haben, dem ich in die Verbannung folge, dessen Tode ich mich entgegenstellen und für den ich mich aufopfern kann; Derartiges – wie du es beschreibst – ist Berechnung, nicht Freundschaft, die auf den Vorteil ausgeht, die darauf sieht, was sie gewinnen kann. (Ebd.)

Seneca sieht in wahrer Freundschaft einen Übergang zu Liebe und Selbstlosigkeit hin. Im Unterschied zur Liebe beruht Freundschaft jedoch auf Gegenseitigkeit. Zudem ist Liebe, im Gegensatz zur Freundschaft, oft zusätzlich durch Verlangen begründet. Liebe kann daher auch einseitig sein. Und das wäre im Falle der Freundschaft eigentlich nur unter narzisstischen Vorzeichen gesehen möglich.

Lässt sich dies auf das Phänomen des Narzissmus übertragen? Zum Verhältnis von Narzissmus und Freundschaft gibt es wenige Forschungsarbeiten, da die Forschung sich eher auf Paarbeziehungen und außerdem auf die Analyse narzisstischer Personen konzentriert, während Ratgeberliteratur und Internetforen sich vor allem für die Opfer der Narzissten interessieren. An dieser Stelle setzen wir an.

Narzissten können wie gesagt in ihrer charmanten schwärmerischen Weise rasch Beziehungen und neue Freundschaften knüpfen, verhalten sich gleichzeitig aber auch zerstörerisch, wenn es um den Erhalt solcher Bindungen geht. Narzissten umgeben sich gerne mit Menschen, die ihnen Komplimente machen, die ihnen zuarbeiten, mit denen sie die Freizeit verbringen. Mit Freunden eben. Doch was bedeutet ihnen Freundschaft?

Offenkundig kommt der Narzisst über die von Aristoteles als lust- oder nutzenorientiert bezeichneten Freundschaften nicht hinaus. Eine Tugendfreundschaft und damit eine auf Dauer und Verbindlichkeit angelegte zwischenmenschliche Beziehung ist ihm nicht möglich. Denn die narzisstische Beziehung ist einseitig, da sie jeweils auf eine einzige Person hin zugeschnitten ist.

Gleichwohl schätzen Narzissten dies völlig anders ein: Sie sind davon überzeugt, echte Freundschaften zu pflegen, mit Menschen in Kontakt zu stehen, die sie als Freunde bezeichnen würden. Der Grund dafür liegt darin, dass Narzissten oft nicht zwischen dem Bild, das sie von sich haben, und der wirklichen Sachlage unterscheiden können. Sie identifizieren sich häufig mit ihrem idealisierten Selbstbild, ihrem Image. Ein Selbstbild, das wirklich zutreffen würde, wäre für sie unerträglich. Bei ihnen ist ein Abwehrmechanismus am Werk, der Gefühle verleugnet. Daher müssen Narzissten emotionale Nähe meiden, denn andernfalls könnten sie als schwach und verletzlich wahrgenommen werden; es gilt also, die ›coole‹ Fassade aufrechtzuerhalten. In dieser Fassadenexistenz werden ›Freundschaften‹ asymmetrisch und bleiben oberflächlich.

Nun setzt ein Narzisst seine Freundschaften meist nicht absichtlich oder bewusst strategisch für eigene Zwecke ein, doch hat die unbewusste Dynamik seiner Persönlichkeitsstruktur eben dies zur Folge. Zentral ist dabei eine geringe Empfindlichkeit eigenen Gefühlen gegenüber, ein Selbstschutzmechanismus, der sich dann auch in einer mangelnden Sensibilität den Gefühlen anderer gegenüber zeigt. Für den Narzissten ist der Freund unreflektiert jemand, der ausschließlich für ihn da ist und sein eigenes leeres Selbst füttert. Erste ›freundschaftliche‹ Treffen sind oft angenehm, weitere Treffen werden gerne locker verabredet – doch bleibt es meist bei lockeren Verabredungen. Denn nach dem Treffen ist der Freund gleichsam wieder vergessen, wird erst wieder aufgesucht, wenn er erneut irgendwie nützlich sein könnte, etwa als Freizeit-Begleiter oder Kompliment-Spender. Kontinuität, die für eine wahre Freundschaft grundlegend ist, kann sich nicht einstellen.

Auf der nutzen- und lustorientierten Ebene gibt es für

den Narzissten freilich zahlreiche, austauschbare und wechselnde Freunde bzw. Kumpel – Saufkumpel, Sexkumpel, Menschen für den kurzen Spaß, Oberflächlichkeit für zwischendurch.

Freundschaften durchlaufen meist eine Phase der Entstehung, der Erhaltung und der Auflösung. In jeder Phase unterscheiden sich, quantitativ betrachtet, Kosten und Nutzen voneinander. Menschen suchen gerne die Freundschaft zu anderen, die körperlich attraktiv sind, einen hohen sozialen Status haben oder die ihnen ähnlich sind. Narzissten verfügen über Eigenschaften, die es attraktiv erscheinen lassen, eine Freundschaft mit ihnen einzugehen. Sie gelten als charmanter, beliebter und anziehender als andere. Hinzu kommt, dass Narzissten sehr schnell lernen und gut darin sind, andere zu imitieren; sie können gut den Anschein erwecken, als hätten sie viele Gemeinsamkeiten mit anderen und könnten entsprechend immer wieder neue Freundschaften knüpfen.

In der Entstehungsphase ist der Nutzen einer Freundschaft für beide Beteiligten höher als die Kosten; es besteht ein hoher Anreiz, die Freundschaft einzugehen. Dies ändert sich in der Phase, in der eine Freundschaft länger gepflegt wird. Denn für den Nichtnarzissten steigen die Kosten, die auf offenkundig werdendem Mangel an Empathie beruhen. Doch auch die Kosten des Narzissten steigen, je tiefer der Freund hinter die Fassade blickt und je mehr er die Asymmetrie der Freundschaft erkennt. Denn aufgrund ihrer gering ausgeprägten Empathie können Narzissten in einer Freundschaft dem Gegenüber kaum emotionale Unterstützung oder wahre Teilhabe am Leben anderer anbieten. Daher meiden sie fürsorgliche, romantische Freundschaften, die zu immer größerer Vertrautheit und Intimität führen könnten und für eine Partnerschaft charakteristisch sind.

Darüber hinaus gründet eine Freundschaft auf Vertrauen, doch mangelndes Selbstbewusstsein und ein übersteigertes Selbstdarstellungsbedürfnis führen oft zu einem wenig vertrauensvollen Leben, in dem Treue, Wahrhaftigkeit oder Ehrlichkeit zu dehnbaren Begriffen geraten. So dienen in Intimbeziehungen Seitensprünge zur Selbstbestätigung, oft ohne echtes Unrechtsbewusstsein. Ehrlichkeit wird als Hindernis auf dem Weg zu einer vertrauensvollen Beziehung verstanden, die es dann letzten Endes auch nicht geben kann. Daher werden die nutzen- und rein lustorientierten Eigenschaften einer Freundschaft wie physische Attraktivität oder sozialer Status von dem Narzissten eher als die emotionalen und vertrauensbasierten Ebenen der Gemeinsamkeit gesucht.

Für eine wahre Freundschaft ist dieses Interaktionsmuster auf Dauer vernichtend. Denn Interessen und Nutzungsansprüche wechseln. Dass Narzissten Freundschaften allerdings auch erhalten möchten und pflegen, mag daran liegen, dass das Scheitern einer Freundschaft als solches einer Kränkung, einem Versagen gleichkommt. Außerdem könnte der ›Freund‹ ja auch irgendwann wieder nützlich sein, wenn etwa eine andere Freundschaft scheitert; daher ist der Kontaktabbruch oft nur vorübergehend. Für Narzissten bleiben zwischenmenschliche Beziehungen eine nie befriedete Konfliktzone, sie brauchen andere und benutzen sie, so wie sie andere fortwährend verletzen und sich von ihnen verletzt fühlen.

Langfristig erhöhen sich die Kosten der Freundschaft für

den Nichtnarzissten noch mehr, da er auch irgendwann erkennen muss, dass es kein wirkliches Interesse an der eigenen Person, den eigenen Gefühlen gibt. Dies führt zu weniger Komplimenten oder sogar Kritik gegenüber dem Narzissten. In einer funktionierenden Freundschaft ist entsprechende Kritik selbstverständlich und dient dazu, gemeinsam Probleme zu lösen. Narzissten sind jedoch weitgehend kritikunfähig und empfinden Kritik auch an Kleinigkeiten schon als massiven persönlichen Angriff. Sie reagieren unverhältnismäßig beleidigt, zeigen keinerlei Widerstandsfähigkeit und Geduld und können schnell mit übersteigerter Wut oder Kontaktabbruch antworten.

Je stärker nun die narzisstische Hülle bröckelt und besonders beim vulnerablen Narzissten Schamgefühle zu Tage treten, desto mehr versucht ein Narzisst, neue Freundschaften zu knüpfen. Dies hat zur Folge, dass der Narzisst immer wieder in die Initialphase einer Freundschaft wechseln muss, während dem Freund die Kosten der Freundschaft zu hoch werden und er versucht, die Bindung zu lösen. Der Narzisst sucht, und das gelingt mit seinem Wesen ja leicht, neue Freundschaften und lebt temporäre, serielle Beziehungsmuster. Verbindlichkeit und Dauer gehen verloren.

Wer will dann aber überhaupt noch mit einem Narzissten befreundet sein? Dabei kann es sich um Personen handeln, die eine ähnliche Charakterstruktur aufweisen. Narzissten werden dann nicht als Bedrohung wahrgenommen, und man kann sich, auch in einer über Freundschaft hinausgehenden Beziehung, gegenseitig Freiheiten zubilligen. Denn Verletzungen, die die empathische Ebene betreffen, sind dann nicht möglich, da diese Ebene ja einfach nicht existiert. Negative Eigenschaften lassen sich so von den Beteiligten leichter tolerieren, als empathischere Menschen dies könnten. Langfristige Freundschaften wären auch mit Personen vorstellbar, die viel verzeihen können, ein einnehmendes Wesen haben und auch bei Konflikten an einer Freundschaft festhalten.

Doch bleibt einem Narzissten das Geschenk einer wahren Freundschaft im Grunde verwehrt.

2.3 Narzissmus und Liebe

Freundschaft findet zwischen Menschen statt. Sie kann zwischen ihnen ein wichtiges Band sein. Doch spielt sie auch im Zusammenhang mit dem Schutz der Natur eine Rolle. In diesem Zusammenhang ist es allerdings auch und gerade wichtig, über Liebe nachzudenken. Denn sie hat unterschiedliche Bezugsobjekte und kann daher eine Brücke zur Mitwelt bauen. Beginnen wir aber mit der Liebe im Bereich des Zwischenmenschlichen.

Nur allzu gerne sehen wir in einem Narzissten den selbstverliebten Pfau, der völlig von sich eingenommen ist und nicht müde wird, davon zu erzählen, was er Großartiges geleistet hat, wo er Anerkennung findet und wie beliebt er ist. Schnell zeigt sich, dass dies bloß eine Fassade, eine leere Hülle um ein karges Ich herum ist.

Doch lassen sich in romantischen Beziehungen mit Narzissten auch positive Seiten finden, von denen allerdings teils nur die Narzissten selbst, teils ihre Bezugspersonen bloß in bestimmter Hinsicht profitieren: Narzissten sind weniger anfällig für Ängste oder depressive Verstimmungen, da sie – und zwar vor allem die grandiosen Narzissten –

ein extrem positives Selbstbild haben. Zwischenmenschlich bzw. interpersonal jedoch wird es schwierig, zeigen sich Interaktionsprobleme. Diese Probleme ergeben sich im Umgang mit einem grandiosen Selbst, dem es an Empathie fehlt und das ständig darauf aus ist, den Anderen zu entwürdigen, was sich in Freundschaften mit Narzissten zeigt.

All das muss ungleich stärker in engen persönlichen Liebesbeziehungen auftreten, da sich narzisstische Verhaltensmuster dabei noch viel weniger verbergen lassen. Das grandiose Selbst des Narzissten ist hier einer viel größeren Gefahr ausgesetzt, als letztlich extrem verletzlich und vulnerabel entlarvt zu werden, Angst, Hilflosigkeit, Minderwertigkeit und Scham zu erfahren. Ein Gegenüber, das dies erkennt, wird zu einer Bedrohung, weil sich der Narzisst dann in einer gefühlsmäßigen Abhängigkeit vom als bedrohlich entlarvten Partner sieht und Gefahr läuft, dass der Partner Macht über ihn gewinnt. Das widerspricht dem erstrebten Gefühl von Überlegenheit und Unabhängigkeit. Eine auf den ersten Blick völlig normale Beziehung (mit völlig normalen Formen von Abhängigkeiten) muss dann möglicherweise schnell beendet werden, wenn sich Gefühle nicht länger verleugnen lassen.

Dies unterstreicht eine weitere Ambivalenz in Liebesbeziehungen: Im zeitlichen Verlauf ist der Beginn einer Beziehung von hohem Engagement getragen, das jedoch rasch nachlässt. Narzissten schöpfen anfangs auch größere Gewinne aus romantischen Beziehungen als ihre jeweiligen Partner.

Diese Mechanismen einer ›Freundschaft‹ treten in einer romantischen Beziehung noch viel stärker zu Tage. Denn solche Beziehungen werden durch Kritikunfähigkeit, Empathiearmut, Entwürdigungen und Aggressivität noch stärker belastet. Gleichzeitig wird es immer schwerer, Missverständnisse auszuräumen oder Probleme offen anzusprechen, und nur Flucht in eine neue Beziehung verspricht Linderung. Narzissten können rasch eine Beziehung eingehen, können sie aber auch rasch wieder beenden. Dies hat zur Folge, dass Narzissten im Lebensverlauf durchschnittlich auch mehr Beziehungen haben als andere.

Doch worum handelt es sich bei diesem Phänomen Liebe, das einerseits selbstverständlich zu sein scheint und das sich andererseits schwer fassen lässt? Man kann Liebe als eine Form des Wohlwollens einem anderen gegenüber verstehen. Das kann Gott, das Vaterland, die Familie oder das Haustier sein. Wichtig ist der Wunsch, dass es dem ›Objekt‹ der Liebe so gut wie irgend möglich geht.

Doch was ist die Motivation hinter diesem Wunsch? Will ich das aus eigenem Interesse heraus, damit ich mich gut fühle? Dies würde in die Richtung einer nutzen- oder lustorientierten Freundschaft deuten. Oder will ich, dass es dem anderen um seiner selbst willen gut geht? Dies würde auf eine tugendhafte Freundschaft deuten. Solange also ein Narzisst unmittelbaren Nutzen aus einer Liebesbeziehung zieht, engagiert er sich für sie. Sieht er keinen Nutzen, beendet er die Beziehung lieber.

Erweitert man Bezugsrahmen von Liebe auf unsere belebte Mitwelt, kommt man schnell zum Begriff der Biophilie. Für den Soziobiologen Edward O. Wilson (1929–2021) drückt dieses von ihm vorgestellte Konzept eine enge affektive Bindung von Menschen an andere Lebewesen aus, die evolutionär begründet ist. In der langen Zeit der Menschwerdung hat sich eine Affinität zu anderem Leben, aber auch zu Lebensräumen entwickelt. Diese genetische Prägung des Menschen wirkt, so Wilson, bis heute fort. Sie kann erklären, warum Lebewesen derartig direkte affektive und tiefe emotionale Bindungen haben. Menschen bevorzugen jeweils spezifische Landschaften. Entsprechend positiv können diese auf das Wohlbefinden von Menschen wirken. Denkt man dieses Argument weiter, kann man es umweltethisch fassen, wird es zu einem letzten Endes ausschließlich auf Nützlichkeit abzielenden Argument.

Narzissten lassen sich mit nutzenorientierten Argumenten leicht überzeugen. Doch trifft dies den Kerngedanken von Liebe, wenn ich letztlich zu meinem eigenen Nutzen liebe? Es scheint ihn vielmehr zu konterkarieren, da ein Handeln aus Liebe nicht von Nutzen motiviert wird, sondern von Mitgefühl mit dem, was jeweils geliebt wird. Wenn ich mein Vaterland aus Liebe zu ihm im Krieg verteidige, tue ich dies nicht, um als Kriegsheld Nachruhm zu erlangen; wenn ich mich aus Liebe um pflegebedürftige Angehörige kümmere, tue ich dies nicht, um mein Ego aufzupolieren. Wahre Liebe zeichnet sich im Gegensatz zu einer nutzenorientierten Liebe durch Mitgefühl mit dem Gegenüber aus. Doch solche Fähigkeit zu Empathie fehlt Narzissten gerade.

Viele verstehen als Gegenstück zur Liebe Hass. Diese starke emotionale Reaktion mit dem Ziel, anderen zu schaden, ist als Reaktion auf eine narzisstische Kränkung denkbar. Wichtiger aber als Hass ist das Gegenteil von Liebe: die Gleichgültigkeit. In ihr zeigt sich der narzisstische Grundcharakter viel deutlicher, eben indem andere Menschen, zu denen keine Beziehung besteht, gleichgültig, egal sind.

Dies lässt sich übertragen auf den ökologischen Kontext. Wir haben unsere Mitwelt nicht aus Hass zerstört, sondern vermutlich eher aus mangelnder Liebe in Form von Gleichgültigkeit. Gerade die »Absichtslosigkeit der rasch anwachsenden Zivilisationslasten«[4] hat in die ökologische Krise geführt, so der Philosoph Herrmann Lübbe. Wenn mir etwas gleichgültig ist, dann zeige ich keinerlei Engagement. Gleichgültigkeit kann gleichbedeutend mit Armut an Empathie, gewissermaßen einer ungewollten Teilnahmslosigkeit sein. Eine verminderte Empathiefähigkeit senkt die Hemmschwelle, anderen unbewusst aus Gleichgültigkeit Leid zuzufügen. Ein Weniger an Empathie bedeutet oft auch ein verringertes Schuldbewusstsein und beeinträchtigt die Fähigkeit dazu, tiefe Gefühle für andere zu empfinden. Dies wirkt sich schließlich auch auf die Bereitschaft aus, für andere Verantwortung zu übernehmen. Ist man gleichgültig, wird man sich vermutlich weniger am politischen, sozialen, ehrenamtlichen Leben beteiligen. Und das kann in Rückzug, ja, in einem Abbruch jeglicher Kommunikation enden. Gleichgültigkeit ist das Gegenteil von Liebe, weil durch sie Desinteresse signalisiert wird. Dann ist mir alles gleichgültig, hat für mich alles den gleichen Wert, teile ich nicht mehr ein, bevorzuge ich nichts mehr, gibt es für mich keine Prioritäten mehr. Diese Form der Gleichgültigkeit stellt uns vor eine besondere Herausforderung, wenn es darum geht, die ökologische Krise zu meistern. Gleichgültigkeit bedeutet, dass wir nicht mehr handeln, uns nicht mehr für etwas interessieren, nicht mehr versuchen, etwas zum Besseren zu wenden.

4 Lübbe 2019, S. 77.

Was hat das aber alles mit unserer Frage zu tun: Können Narzissten in der Weise lieben, wie Nicht-Narzissten Liebe verstehen?

Die eingeschränkte Fähigkeit, Empathie zu empfinden, die zum Wesen eines Narzissten gehört, verhindert, dass er zu jener auf den anderen und dessen Wohlbefinden gerichteten Liebe fähig ist. Mit Erich Fromm lässt sich dies in den Kontext eines ›Verfalls‹ von Liebe in den westlichen Gesellschaften stellen, wo sich der Alltag in individueller Bedürfnisbefriedigung erschöpft, wodurch die Zuwendung zum anderen, das Bedürfnis nach Transzendenz sich nicht mehr zeigt.

Selbstverwirklichung kann nur gelingen, wenn das Selbst über sich selbst hinausgeht zu dem, was es nicht selbst ist, zum Mitmenschen, zur Mitwelt. Erst durch dieses Außer-sich-Sein kommt der Mensch wirklich zu sich. Entsprechend gilt: Liebe ist immer ein Wir.

Im 1. Korintherbrief heißt es: »Wenn ich mit Menschen- und mit Engelzungen redete und hätte der Liebe nicht, so wäre ich ein tönend Erz oder eine klingende Schelle« (1. Kor 13,1). Ein liebloses Leben ist ein lebloses, fassadenhaftes Leben. Fast unmittelbar im Anschluss heißt es (1. Kor 3,13): »Nun aber bleibt Glaube, Hoffnung, Liebe, diese drei; aber die Liebe ist die größte unter ihnen«. Ohne Liebe ist eine christliche Existenz nicht möglich. Ob mit oder ohne christliche Tradition: Liebe weist immer auf ein Wir hin, ohne ein Gegenüber gibt es keine Liebe (nicht einmal die Selbstliebe, bei der ich mein eigenes Gegenüber bilde): Wenn sich ein Ich in einem Wir aufgehen lässt, schränkt Liebe das Individuum in seiner Autonomie und Entscheidungsmacht ein. Diese Einschränkung ist als Gewinn zu betrachten.

Der Übergang zu einem liebenden Wir bedingt ein sehr viel stärkeres Mitfühlen mit dem anderen als bei einer bloßen Freundschaft. Das Glück des geliebten Menschen wird als eigenes Glück, das Unglück als das eigene Unglück empfunden. Diese enge Bindung ist nur durch ein starkes Band des Mitlebens möglich. Der Wunsch nach einem ›Wir‹ wohnt dem Wesen der Liebe inne.

Edward O. Wilson entwickelt mit seinem Konzept der Biophilie ein Argument, das die evolutionäre Stärke von Liebe herausstellt. Und das kann man noch weitergefasst denken: In der Tiefenökologie, einer naturphilosophischen Denkrichtung, die wesentlich auf den Norweger Arne Naess zurückgeht und von Freya Matthews weiterentwickelt worden ist, wurde die Idee eines ökologischen Selbst entwickelt, in dem das personale Selbst, das in der Liebe zum Wir wird, dann auch die Grenzen menschlicher Wesen überschreitet. Das ökologische Selbst bringt damit im denkbar weitesten Sinne Liebe zu unserer Mitwelt zum Ausdruck: die Freude an der gewaltigen Natur und das Leiden an der geschundenen Natur.

Denn auch die negativen Seiten sind zu bedenken: Die Veränderung und Zerstörung von liebgewonnenen oder zum Lebenserhalt notwendigen Landschaften kann zu einer so intensiven Verlusterfahrung führen, dass sie sogar negative gesundheitliche Folgen nach sich zieht. Glenn Albrecht prägte 2005 den Begriff der Solastalgie, um zu beschreiben, wie positiv empfundene Ortsbindung verlorengeht. Diese Wortneuschöpfung setzt sich aus dem lateinischen *solacium* (›Trost‹) und dem altgriechischen *algos* (›Schmerz, Leiden‹) zusammen. Solastalgie kann durch viele Faktoren ausgelöst werden: die Veränderung einer Landschaft durch Bergbau, Verwüstung oder Desertifikation in Trockengebieten, Zerstörung durch Naturkatastrophen, Flächenversiegelung. Das zunächst positive Gefühl der Zugehörigkeit zu einem Ort oder einer Landschaft führt über die Verlusterfahrung zu einem Gefühl des Leidens. Dieses Mitleiden mit einer Landschaft kann sich auch auf uns entfernte Regionen beziehen, die uns ausschließlich über neue Medien zugänglich sind. Daher bleibt das Konzept der Solastalgie nicht auf das direkte Erleben und die eigentliche Heimat beschränkt. Das Konzept der Solastalgie ist ein weiteres Moment, das unsere Zugehörigkeit zur uns umgebenden Mitwelt unterstreicht und verdeutlicht, dass wir uns letztlich selbst schaden, wenn wir sorglos unsere Mitwelt schädigen und gar zerstören. Die Sorge um unsere Mitwelt bezieht sich eben nicht nur auf besonders beliebte oder ›charismatische‹ Arten wie den Orang-Utan oder den Pandabären, die als Sympathieträger für Naturschutzmaßnahmen herhalten dürfen, ja, nicht nur auf einzelne Lebewesen oder deren Spezies, sondern auch auf Räume, Landschaften. Damit können wir unsere Mitwelt als Schutzgut neu entdecken – und um ihrer selbst willen lieben. Das Wir kann sich also in der Liebe auf eine nahestehende Person oder erweitert auch auf unsere Mitwelt bzw. Teile derselben beziehen.

Doch was bedeutet das im Zusammenhang mit einem Narzissten? Ein narzisstisches Wir kann es eigentlich gar nicht geben. Das, was in Beziehungen mit Narzissten lange nach einem Wir ausgesehen haben mag, ist letzten Endes ein Ich, und zwar das Ich des Narzissten. Wie könnte ein Narzisst also lieben? Narzissten gehen lieber für sich allein, als einen gemeinsamen Weg einzuschlagen. Liebe ist jedoch nur gemeinsam möglich. Narzissten arbeiten meist nur dann mit anderen zusammen, wenn es ihnen irgendwie nützt. Für Misserfolge sind dann aber meist die anderen verantwortlich. Und auch der Gewinn des Narzissten geht dabei meist auf Kosten anderer. Zwar läuft der Narzisst nicht Gefahr, das Leiden anderer als eigenes Leiden wahrzunehmen. Doch dabei erliegt er der Gefahr, das Wir nicht zu erreichen, in dem eine solche Wahrnehmung erst möglich wäre.

Was bleibt also von der Liebe des Narzissten? Abgesehen vom kurzen Aufflammen des Verliebtseins, der charmanten Anfangsphase, zeigt sich mittel- und langfristig, dass diese ›Liebe‹ darin besteht, das Gegenüber, sei es ein anderer Mensch oder die Mitwelt, zum je eigenen Nutzen zu gebrauchen. Davon abgesehen bleibt dem Narzissten das Geschenk der wahren Liebe im Grunde verwehrt.

2.4 Narzissmus als kulturelles Phänomen

Narzissmus ist nicht nur ein psychisches Phänomen und prägt Beziehungsmuster zwischen Menschen: Es ist auch ein kulturelles Phänomen, da sich Persönlichkeitsstörungen ausschließlich innerhalb sozialer Kontexte manifestieren. Unter ›kulturell‹ sollen im Folgenden solche interpersonalen Zusammenhänge verstanden werden, die anders als in Freundschaft und Liebe über die Beziehungen zwischen einigen wenigen Personen hinausgehen. Diese Sichtweise, Narzissmus im Licht solcher kulturellen Zusammenhänge zu sehen, eröffnet neue, konstruktive Perspektiven.

Das Leben und Erleben von Narzissten sind eingeschränkt. Im interdisziplinären Austausch zwischen Neurobiologie, Neurophilosophie und klinischer Psychologie werden zwar neue therapeutische Ansätze entwickelt, um dem entgegenwirken zu können. Eine über den klinischen Bereich hinaus geweitete soziale und kulturelle Perspektive wird jedoch auch und gerade dem Narzissmus gerecht. Denn die größte Bedrohung des narzisstischen Selbst besteht im Verlust des sozialen Bezugssystems. Narzissten sind wie gesagt meist Opfer früher mangelhafter, defizitärer Bindungen. Jeder Akt der nach außen gerichteten Aggression ist als verzweifeltes Bemühen des Narzissten zu verstehen, eine neuerlich drohende eigene Beschämung abzuwehren oder abzuschwächen. Weil aber typisch narzisstisches Verhalten Selbstentwertung und Selbsterniedrigung nach außen wendet – *actio est reactio* –, ist eine professionelle Intervention von außen, eine Psychotherapie durchaus geraten.

Das Umfeld des Narzissten, das dieser grundsätzlich eher entwertet, wird selten so wohlwollend und unbedingt wertschätzend auf die narzisstische Kompensation reagieren, dass das zerbrochene Selbst eines Narzissten sich wieder zusammenfügen könnte. Und doch kann das tief verwundete narzisstische Selbst auch außerhalb eines psychotherapeutischen Settings heilen: nicht unter Menschen, aber in der Mit-Welt.

So kann etwa Naturerleben die Funktion erfüllen, die man in der zur Verhaltenstherapie gehörigen Schematherapie *limited re-parenting* (nachträgliches Wieder-Beeltern) nennt: Im Kontakt mit einer als wohlwollend und nährend wahrgenommenen Mitwelt (der Natur und den in ihr existierenden Geschöpfen) kann die leibliche Einbindung in die Mitwelt direkt erlebt werden: Und so kann ein sicheres Aufgehobensein, eine sichere Bindung auch nachträglich erfahren werden.

Damit dies geschehen kann, muss für den Narzissten die Mitwelt als emotionale und nicht ausschließlich materielle Ressource erfahrbar werden: Wenn sie dem narzisstisch verwundeten ›Ich‹ als ›Du‹ gegenübersteht, kann Heilung erfolgen. Die übliche narzisstische Verhaltensweise besteht demgegenüber darin, ressourcenverschwendend Natur als ›Es‹, als Mittel zum Zweck zu missbrauchen, indem es sich etwa über Statussymbole wie hochwertige Autos, Flugreisen, Kleidung usw. den fragilen und extern determinierten narzisstischen Selbstwert zu stabilisieren versucht.

Statt unachtsam und sogar schädigend mit der Natur umzugehen, könnte die Natur als Quell positiver Energie erlebt werden. Dies wiederum könnte ein Nachreifen der Empathiefähigkeit bewirken. Und diese hätte wiederum positive Effekte auf soziale Beziehungen, die der Narzisst eingeht. Denn erst dann, wenn ich mich sicher fühle, wenn die Befürchtung schwindet, dass mein Selbst vor allem durch Beschämung und Entwertung von außen gefährdet ist, kann ich aus einer gesunden Ich-Du-Unterscheidung heraus das affektive Erleben meiner Mitwesen nachempfinden, ohne mich dabei selbst bedroht zu fühlen.

Sollten Narzissten Natur nicht als ein Mittel erfahren, das sie zu ihren Zwecken beliebig ausbeuten dürfen, sondern als eine endliche Ressource und gleichzeitig als Quell positiver Energie, bestünde zumindest die Möglichkeit, dass sie zu vielleicht sogar besonders vehementen Umweltschützern mutieren. Doch selbst wenn Natur noch nicht als ›Du‹, sondern als ›Es‹ erlebt wird, können Narzissten sich für Umweltschutz engagieren, etwa dann, wenn umweltgerechtes Verhalten von anderen positiv bemerkt und mit besonderer Anerkennung verbunden wird oder weitere Vorteile mit sich bringt. Denn für Narzissten ist das Leben nach wie vor ein Wettkampf. Und Anerkennung ist für sie besonders wertvoll.

Narzissten befürchten, entlarvt zu werden, in ihrer ganzen von ihnen als solche empfundenen Minderwertigkeit von anderen Menschen erkannt und beschämt zu werden.

Scham bedeutet eine Trennung zwischen ›Ich‹ und ›den anderen‹. Scham ist ein durch und durch soziales Gefühl, ist keine angeborene und interkulturell unveränderliche Primäremotion. Anders als das Empfinden von Schuld, das sich auf konkrete Situationen oder auch Handlungen bezieht, umfasst Scham das ganze Selbst und trifft damit den Kernbereich der narzisstischen Störung.

Narzisstisches Verhalten stellt sich im kulturellen Kontext als Versuch dar, Scham zu vermeiden oder zu beenden. Um nicht Scham ausgesetzt zu werden, wird eine Erzählung von sich, ein Narrativ aufgebaut, das es dem Narzissten erlaubt, sich selbst als anderen Menschen überlegen zu erleben. Vier ›E‹ prägen das Leben eines narzisstisch kränkbaren Menschen: Egozentrik, Empathielosigkeit, Entwertung und Empfindlichkeit. Entsprechend versucht der leicht Kränkbare, vorweggenommene, wahrgenommene oder tatsächlich geäußerte Kritik seiner Mitmenschen von sich zu weisen, indem der Kritiker selbst entwertet wird.

Narzissmus als Schamabwehr wird aus der Not heraus geboren: Emotionaler Mangel führt zu narzisstischer Kompensation. Um dies innerhalb der narzisstischen Erlebenswelt zu verstehen, müssen wir hinter das aggressive, verletzende, egozentrische und empathiefreie Verhalten blicken, das Narzissten leben. Tatsächlich leben sie nämlich in einer Welt der andauernden Unsicherheit: In jedem zwischenmenschlichen Kontakt vermuten sie Entwertung, Bedrohung und Angriff.

Typisches narzisstisches Verhalten – und hier ähneln sich die Subtypen des vulnerablen und des grandiosen Narzissmus – beruht auf einer hohen Erwartungshaltung, angegriffen zu werden. Erwartet wird also Beschämung durch andere, und dies überkompensiert der Narzisst durch Aggression, die sich unterschiedlich manifestieren kann: als Rückzug oder Gegenangriff. Durch diese Bereitschaft zur Aggression wirkt ein Narzisst also unbewusst der drohenden Beschämung entgegen.

Menschen (und erst recht Narzissten) versuchen in peinlichen, demütigenden und beschämenden Situationen, sich zurückzuziehen und zu verstecken, den beschämenden Stimulus abzuwehren oder von sich abzulenken oder selbst die beschämenden Personen oder die Zeugen der Beschämung wütend zu attackieren. Diese schambezogenen Abwehrstrategien werden mit der Zeit immer dominanter.

Rückzug / Sich-Verstecken: Es mutet paradox an, dass die narzisstische Person auf der einen Seite stets Aufmerksamkeit, Bewunderung und Anerkennung sucht – und auf der anderen Seite bestimmte Eigenschaften des eigenen Selbst verleugnet oder versteckt. Zum narzisstischen Erleben gehören ein allgegenwärtiges, omnipräsentes Gefühl der inneren Leere und Mangelhaftigkeit. Auf sich selbst zurückgeworfen, fehlt der narzisstischen Charakterstruktur ein Bezugspunkt nach außen.

Werden eigene Bedürfnisse und Gefühle abgelehnt, kann Neid auf diejenigen entstehen, die diese Erfahrungen nicht machen mussten. Die narzisstische Kompensation strebt in der Regel danach, die beneidete Person zu entwerten oder zu entthronen, um die erlebte Distanz zwischen dem eigenen mangelhaften, defizitären Selbst und dem anderen zu verkleinern.

Schuldabwehr: Andere zu kritisieren und zu beschuldigen, kann als der Versuch gedeutet werden, die Schuld von sich auf eine andere Person abzuwälzen. Da der narzisstische Selbstwert zerbrechlich und stets auf Bestätigung von außen angewiesen ist, wirkt jede Situation als stark existenzbedrohend, in der der Narzisst Gefahr läuft, eines (realen oder eingebildeten) Fehlers überführt zu werden. Er muss unbedingt einen anderen Schuldigen benennen, der stellvertretend aus der Bezugsgruppe ausgestoßen und beschämt werden kann.

Aggressives Verhalten: Begegnet dem Narzissten Kritik (und zwar unabhängig davon, ob sie nur eingebildet oder real ist), reagiert er oft wütend. Dies kann mit offenkundig feindseligem Verhalten einhergehen oder auch dazu führen, dass der (vermeintlich) Angegriffene sich völlig zurückzieht. Narzissten sind oft zutiefst davon überzeugt, ungerecht behandelt worden zu sein und deshalb zu Recht mit Aggressionen reagieren zu dürfen.

Narzisstische Selbstreflexivität: Auf den ersten Blick mag es überraschen, (narzisstische) Selbstreflexivität im Kontext kultureller Aspekte anzugehen. Denn was könnte persönlicher, individueller, privater sein als der Selbstbezug eines Ichs, dass letztlich nur sich selbst reflektiert?

Die Neurobiologie hat inzwischen Korrelate gefunden,

die dafürsprechen, dass das individuelle Gehirn tatsächlich sich selbst beobachten kann.

Dies zeigt sich auch und vor allem beim Phänomen der Selbstreflexivität: Unsere Fähigkeit, uns auf uns selbst zu besinnen, ist nicht angeboren. Sie entwickelt sich in den ersten drei Lebensjahren als das Ergebnis zwischenmenschlicher Interaktionen, die auch Interaktionen zwischen verschiedenen neurobiologischen Einheiten sind. Die Erfahrung eines sich reflektieren könnenden Selbst beruht dabei auf der wechselseitigen Spiegelung zentraler Nervensysteme, die sich in der sozialen Zuschreibung der Rollen von ›Ich‹ und ›Du‹ umsetzen. Selbstreflexivität scheint also ein abstraktes Konstrukt zu sein. Und doch erleben wir Selbstreflexivität aufgrund dieser Lerngeschichte leibhaftig, ist sie unsere ganz eigene und doch auch kulturell bedingte Realität.

In den ersten drei Lebensjahren verfügen wir jedoch noch nicht über ein episodisches Gedächtnis. Lerninhalte bleiben bei uns haften, aber wir können uns nicht an die konkreten Bedingungen erinnern, die dieses Lernen ermöglicht haben. Unser Selbstverständnis als reflektierendes Wesen in der Welt entsteht also losgelöst von einem Wissen darum, dass und wie wir es erlernt haben. Wie wir uns erleben, wie wir daher auch in Interaktionen mit anderen *sind*, ist auch ein Ergebnis dessen, wie damals mit uns von unseren Bezugspersonen umgegangen worden ist. Die Attribute, die uns in jenen ersten Lebensjahren verliehen worden sind, integrieren wir in ein Selbstbild und beginnen dann, uns diesem Selbstbild entsprechend zu verhalten: Wir übertragen die uns zugeordneten Charakteristika in unser Handeln. Unser Selbstkonzept ist das Ergebnis dessen, wie wir von unseren Bezugspersonen verstanden werden. Wir wurden in einer Form behandelt, die uns geprägt hat, lange bevor wir uns auf uns selbst als ein Ich besinnen konnten. Und unser Ich bzw. unser Bild von dem, das wir in der Selbstreflexion erreichen, ist von diesen Prägungen und Zuweisungen geprägt.

Unser Ich, das uns in der Selbstreflexion zugänglich wird, steht demnach in Beziehung zu einem umfassenden Wir. Es steht damit letztlich auch, pars pro toto, für einen gesellschaftlichen Zusammenschluss. Dies gilt auch für Persönlichkeitsstörungen: Auch sie sind Manifestationen der Art und Weise, wie unser Bezugssystem mit uns als Kleinkinder umgegangen ist. Persönlichkeitsstörungen sind so immer Beziehungsstörungen – sie zeigen sich nur innerhalb eines sozialen Kontexts.

Wenn wir diesen Gedanken weiterdenken, wird der Narzisst Symptomträger der Gesellschaft. Wenn nun die Gesellschaft danach trachtet, Narzissmus zu therapieren und ihn letztlich auszumerzen, so ist Narzissmus auch dabei wenig anderes als das Spiegelbild der Gesellschaft. Wie abwertend erfolgt die Diagnose einer solchen Störung in der Regel, wie empathieschwach stellt sich der Diagnostiker über den Diagnostizierten, setzt allzu oft ihn mit seiner Diagnose gleich und reagiert empfindlich, wenn seine Diagnose kritisiert oder gänzlich abgelehnt wird. Kurz: Die Diagnose selbst scheint narzisstische Anteile zu haben.

Wir sollten uns viel eher konstruktiv gegenüber Narzissten verhalten, sie nicht abwerten und ausgrenzen, sondern sie von einem gemeinsamen Standpunkt des Wir aus sehen.

2.5 Die entwicklungspsychologische Perspektive: Das Ich wird am Du

Die narzisstische Prägung des Selbst durch die Gesellschaft geschieht nicht plötzlich und in einem Augenblick, sondern im Verlauf einer Entwicklung. Daher ist hier auch die entwicklungspsychologische Perspektive wichtig, die schon im Zusammenhang mit der Selbstreflexivität angesprochen wurde. Ihr zufolge entsteht die narzisstische Kompensation durch emotionale Unterernährung in den ersten Lebensjahren. Dabei leiden die heranwachsenden Wesen darunter, dass ihnen unbedingte Anerkennung und Akzeptanz vorenthalten werden. Ein Narzisst lebt daher im ständigen Konkurrenzkampf mit anderen Individuen um die – als limitiert wahrgenommenen – Ressourcen Wertschätzung und Angenommensein. Nie ist davon genug für alle da, nur der Beste erhält überhaupt etwas. Allerdings ist diese Ressource nur aus narzisstischer Sichtweise beschränkt.

Wir Menschen sind als Säugetiere soziale Wesen. Wir sind darauf angewiesen, von anderen, von der Gruppe, angenommen und akzeptiert zu werden. Weil ein Narzisst befürchtet, von der Gruppe beschämt und ausgestoßen zu werden, lebt er in fortwährender Angst davor, den überlebensnotwendigen Zugang zu sozialer Anerkennung zu verlieren, und trägt, wie gesehen, Konkurrenzkämpfe um diese Ressource aus.

Der an sich instabile und fragile Selbstwert eines Narzissten stabilisiert sich also durch Bewunderung von außen – und das schließt für ihn ein, dass sich Bezugspersonen unterwerfen. Im Berufsleben finden wir deshalb häufig diese Persönlichkeitsstruktur gekoppelt mit Erfolg. Nicht nur, weil eine unhinterfragte Autoritätsposition zur Aufrechterhaltung des Selbstbilds beiträgt und verhindert, dass der labile Selbstwert absackt, sondern auch, weil Narzissmus mit geringer Empathiefähigkeit einhergeht – in manchen Fällen durchaus ein Vorteil beim Erklimmen der Karriereleiter.

Nicht aus böser Absicht werden dabei andere Personen manipuliert, ausgestochen und übertrumpft, sondern weil die narzisstische Not verhindert, dass der Blick auf die Not gerichtet werden kann, die nicht die ureigenste ist.

Wenn, wie wir festgestellt haben, zur narzisstischen Grundstruktur die Beeinträchtigung des Empathievermögens gehört, so bedeutet dies nicht, dass der Narzisst nicht auch einer Gefühlsansteckung unterliegen könnte oder völlig unfähig zur Einnahme einer anderen Perspektive ist. Im Fall der Gefühlsansteckung bemüht sich ein Narzisst meist darum, das beim anderen als negativ erlebte Gefühl abzustellen, eben weil es ›ansteckt‹. Dabei unterscheiden sich die Reaktionsweisen von Personen des Bezugssystems auf signifikante Weise voneinander: Werden einem Kind Trost und Beruhigung gespendet, ist die Wahrscheinlichkeit hoch, dass das Kind lernt, dass eben dies möglich ist: Ein Lebewesen kann ein anderes trösten. So wird das Kind im weiteren Verlauf seines Lebens eher auch selbst darum bemüht sein, Trost zu spenden. Stieß das Kind mit seinem Kummer, seinem Schmerz oder seiner Angst jedoch auf Aggression, so ist es unwahrscheinlich, dass es über das Stadium der Gefühlsansteckung hinauswächst. Es erlebt vielmehr auch als Erwachsener den affektiven Ausdruck des anderen wie ein Kleinkind und reagiert unbeteiligt, irritiert, ärgerlich.

Zum narzisstischen Kompensationsmechanismus gehört es also auch, Trauer, Angst oder Schmerz abzuwerten, wenn sie bei anderen wahrgenommen werden. Häufig reagiert der Narzisst statt tröstend mit einer Abwehrhaltung oder sogar mit aggressivem Verhalten.

Wenn wir zwischen grandiosem und vulnerablem Narzissmus unterscheiden, so scheinen fehlende elterliche Grenzen eher mit empfundener Grandiosität einherzugehen, entwertender, beschämender und strafender Erziehungsstil eher mit vulnerablen narzisstischen Ausprägungen. Sowohl reaktive wie auch proaktive Aggression kann zum Überschreiten von Grenzen und Regeln, zum Missachten von Maßnahmen führen – auf beiden Seiten von Schutz oder Schädigung der Mitwelt.

Der vulnerable Narzisst neigt jedoch dazu, die mögliche Beschämung durch relevante andere so weit wie irgend möglich vorwegzunehmen und ist daher darum bemüht, sein grenzüberschreitendes Verhalten zu verheimlichen. Ethisches oder zumindest gesellschaftskonformes Verhalten wird von vulnerablen Narzissten also insbesondere aus einer negativen Motivation heraus gezeigt, um Beschämung zu vermeiden. Dies lässt sich zur Förderung ethischen Verhaltens und damit auch für den Umweltschutz einsetzen. Doch nicht nur unsere Umwelt profitiert direkt vom narzisstisch motivierten Einsatz für sie. Auch der Narzisst selbst kann über den Echoeffekt seines Verhaltens doppelten Nutzen ziehen! Vorbildhaftes Verhalten im Sinne des mitweltgerechten achtsamen Umgangs mit Ressourcen bringt nicht nur die so dringend benötigte Anerkennung: Durch die Erkundung der direkten Umgebung (auch veranlasst durch den Verzicht auf statusträchtige Flug- und

Fernreisen, durch die Rückbesinnung auf entschleunigte Fortbewegung (zu Fuß, mit dem Rad ...)) erlebt jeder Mensch, narzisstisch oder nicht, eine direktere Beziehung zur uns umgebenden Natur. Schon der Weg durch den Park, den Wald oder am Flusslauf entlang trägt zur inneren Gelassenheit, zur emotionalen Stabilisierung bei. Schließlich wird die Trost und Anbindung vermittelnde Natur mit ihren Lebewesen und Pflanzen zu einem affektiven Bezugspunkt: Die narzisstische Not des Verlassenseins kann sich so auflösen. So kann sich Empathievermögen nachträglich entwickeln.

3. Vom Nutzen des Narzissmus in der ökologischen Krise

Können wir Narzissmus so verstehen, dass uns dies in der ökologischen Krise hilft – und wenn ja, wie?

Eine erste Antwort könnte darin bestehen, sich in radikaler Freiheit von jeder Vorgabe, also auch von der eigenen (und fremden) psychischen Prägung zu distanzieren. Dieser Ansatz des Existenzialismus erweist sich jedoch als problematisch, auch aus dem Grunde, weil er selbst schon in sich narzisstisch ausgerichtet zu sein scheint. Immerhin stellt sich angesichts dessen die Frage, ob gerade bei der Bewältigung des Narzissmus zur Abwehr völliger Beliebigkeit und Willkür nicht doch das Wesen, die Essenz, auch und gerade des Natürlichen, Vorrang vor bloßer Existenz verdient. Ein Lösungsvorschlag, der Impulse aus diesen beiden scheinbar einander entgegengesetzten Ansätzen aufnimmt, besteht in einer konkreten, eigenbestimmten, affektbasierten Ethik, die die Faktoren von (emotionaler) Intelligenz und empathischer Einfühlung in die Mitwelt hineinträgt. Dies bietet Anlass, den dabei sehr hilfreichen positiven Effekt von Naturerleben auch auf jene Faktoren zu untersuchen.

3.1 Existenzialismus als Ausweg?

Es ist durchaus möglich, dass sich Narzissten in der ökologischen Krise für den Schutz ihrer und unserer Mitwelt einsetzen, und zwar gerade dann, wenn sie nicht durch eine –

ihrerseits eventuell ebenfalls narzisstisch zugespitzte – Diagnose auf ihre Situation *als* Narzissten festgelegt werden. Und auch Narzissten können sich im kulturellen Kontext frei zu Handlungen entscheiden. Die Frage ist nur, wie es dazu kommen kann, dass sie von diesen Freiheitsgraden auch einen entsprechenden Gebrauch machen.

Hierfür hilfreich scheint auf den ersten Blick mit dem Existenzialismus eine einflussreiche Strömung der westlichen Philosophie zu sein, wie ihn exemplarisch Jean-Paul Sartre vertreten hat. Zu existieren bedeutet für ihn, mit der eigenen Sterblichkeit und der eigenen radikalen Freiheit konfrontiert zu sein. Diese Tatsache fordert uns ständig dazu auf, Stellung zu beziehen. Wir sind nicht etwa einem Schicksal hilflos ausgeliefert. Alles, was uns widerfährt, fordert uns dazu auf, Position zu beziehen. Das müssen wir selbst tun, niemand kann uns das abnehmen, und wir sind dazu bestimmt, dies immer und immer wieder zu tun. Denn wir verfügen über keine externen Richtlinien, wir können uns auf keine göttlichen Gebote berufen (es sei denn, wir haben uns unsererseits dafür entschieden): Wir sind stets frei, eigenständige Entscheidungen zu treffen. Daher tragen wir uneingeschränkt Verantwortung für unsere Reaktionen, die immer auch unsere Aktionen sind. Diese Freiheit und Verantwortlichkeit gelten auch gegenüber unserem entwicklungspsychologischen Schicksal, unserer psychopathologischen Prägung. Ist die Berufung auf radikale, existenzielle Freiheit also bereits der Ausweg aus dem Missverhältnis, das zwischen Narzissmus und ökologischer Krise zu bestehen scheint?

So einfach ist das allerdings nicht, und zwar schon aus existenzialistischer Perspektive heraus: Bisweilen scheint es uns unmöglich zu sein, Entscheidungen zu treffen. Wir haben Angst davor, uns zu entscheiden, gerade weil wir uns unserer Freiheit und damit auch unserer Verantwortlichkeit für unsere Handlungen und Gesinnungen bewusst sind.

Diese Angst bedeutet zum einen die Angst *um* unsere Freiheit und zum anderen die Angst *vor* unserer Freiheit.

Zur Angst um unsere Freiheit: Unser Leben ist endlich. So ist unsere an sich unbegrenzte Fülle von Entscheidungsmöglichkeiten begrenzt. Wir können nur endlich viele Entscheidungsmöglichkeiten wahrnehmen und noch weniger von ihnen auswählen. Jede Entscheidung *für* etwas impliziert dabei immer auch eine Entscheidung *gegen* etwas. Dies geschieht unter dem Vorzeichen der Endlichkeit bzw. des Todes und damit im Bewusstsein dessen, dass unseren Möglichkeiten in dieser Welt eine Grenze gesetzt ist und dass unsere Versuche, sie zu realisieren, jederzeit zunichtewerden können. Dies können wir nicht vermeiden. Wir stoßen also an das Limit der Freiheit; auch unser Freisein erweist sich als (zeitlich) endlich.

Dass wir uns dieser Endlichkeit bewusst sind, macht uns unsere Freiheit in ihrem Innenbereich, der uns zur Verfügung stehenden Zeit, umso kostbarer. Unsere konkrete Vielzahl von Entscheidungsmöglichkeiten ergibt sich aus der Tatsache, dass wir ein endliches Leben leben, sowie aus den ihrerseits endlichen Rahmenbedingungen, unter denen wir leben. Unsere endliche Zeit, die für uns immer auch einen Horizont des Nichtwissens bildet, weil wir sie nicht jenseits ihrer (und unserer) Grenzen erfahren können, bildet den Rahmen für unsere Möglichkeiten.

In jenen Entscheidungen begrenze ich meine abstrakt gesehen unendlichen Entscheidungsmöglichkeiten weiter, da in jedem ›Ja‹ wie gesehen ein ›Nein‹, der Ausschluss einer anderen Möglichkeit steckt. Im Entscheiden nehme ich meine eigene Endlichkeit an und verkleinere meinen Möglichkeitenspielraum, verkleinere meine Freiheit, indem ich sie ausübe.

Zur Angst vor unserer Freiheit: Unsere Freiheit geht niemals in sozialen Kontexten auf, löst sich niemals in ihnen auf. Wir haben uns beständig dafür oder dagegen zu entscheiden, gesellschaftliche Richtlinien einzuhalten, Tabus zu beachten oder zu brechen. Es gibt nichts, was uns darauf festlegen könnte, unsere Entscheidungen auf ein äußeres Gebot zurückzuführen. Wir werden daher unberechenbar, jeder für sich und alle füreinander. Zwar können wir aufgrund bisheriger Beobachtungen das Verhalten unserer Mitmenschen sowie auch unser eigenes annäherungsweise vorhersagen, können es jedoch nicht exakt berechnen.

Diese Grenzenlosigkeit der Freiheit macht uns, so Sartre, Angst – Angst vor der eigenen Freiheit, davor, in ihrer Beliebigkeit uns selbst zu verlieren. Es hilft dabei wenig weiter, von der Freiheit keinen Gebrauch machen zu wollen: Freiheit verliert ihren Wert, wenn sie nicht zum praktischen Einsatz kommt. Wir realisieren dann unser Leben nicht. Uns entgehen potenzielle Erfahrungen. Wir gestalten nicht, sondern bleiben auf den eingesparten Bausteinen unserer Freiheit gleichsam sitzen. Die Angst um die Freiheit (Potenziale zu verschenken) wird zur Gewissheit, wenn wir aus Angst vor der Freiheit (Fehler zu machen) lieber überhaupt keine Entscheidungen treffen – abgesehen davon, dass wir uns dann gerade dazu entschieden und unsere Freiheit auf eine minimale, defizitäre Weise betätigt haben.

Gerade Sartres scharfsinnige Feststellung, *wie* frei wir als Menschen sein können, ist hier jedoch beruhigend. Angenommen, wir entscheiden uns für einen Weg, der sich als problematisch erweist, wir erfahren, was wir vorher nicht wussten, oder wir verirren uns auf unserem Weg (führen also ein ganz ›normales‹ Leben) – dann ist doch gerade der Gedanke überaus beruhigend, dass wir uns jederzeit anders entscheiden könnten. Die vermeintliche Gefahr, sich bei einer einmal getroffenen Vereinbarung selbst zu verfehlen, gibt uns die Chance, unseren Weg gegebenenfalls an neue Informationen, Werte, Beziehungen, angesichts unerwarteter Ereignisse anzupassen. Der einzige Fehler, den wir machen können, besteht darin, uns nicht zu entscheiden. Aus Angst vor der Freiheit verspielen wir so die tatsächliche Freiheit der Lebendigkeit in Form von Selbstbestimmung.

Vor dem Hintergrund des oben dargestellten Zusammenhangs zwischen Ich und Du können die Subjekte jeweils die Entscheidungen des anderen mitbestimmen und mittragen, gerade im Rahmen der gemeinsam zu verantwortenden Mitwelt, zu der, wie wir gesehen haben, unsere Umwelt geworden ist. Wenn wir uns selbst-bewusst und autonom entscheiden, tun wir also gut daran, uns dabei von vornherein die Abhängigkeit unserer Entscheidungen von unserer Mitwelt bewusstzumachen.

Doch der narzisstischen Persönlichkeit, der das ›Du‹ eher fehlt und die eher nicht lernen konnte, sich selbst zu vertrauen, fällt es sehr schwer, in diesem Sinne selbstbestimmt zu entscheiden. Bei als fehlerhaft bewerteten Entscheidungen wird ein Narzisst viel eher dazu neigen, seiner Mitwelt ›die Schuld‹ für diese Entscheidungen zu geben: ›Nicht meinetwegen, wegen der anderen musste ich das tun …‹

Würde man einen rein existenzialistischen Ansatz vertreten, würden Narzissten daher eher in eine aggressive Abwehrhaltung gegenüber einer angstbesetzten Freiheit getrieben, wenn sie nicht die radikale Freiheit als Chance zum Ausdruck ihres grandiosen Ich-Ideals missverstehen und ausschließlich für sich selbst in Anspruch nehmen würden. Die Distanzierung von der eigenen und der sozialen Pathologie, wie sie der Existenzialismus nahelegt, ist daher eine notwendige (sie muss mit im Spiel sein), aber keine hinreichende (sie allein reicht nicht aus) Bedingung dafür, Narzissmus in der ökologischen Krise nutzbar zu machen. Der Weg dorthin kann über eine zunächst immanente Kritik und in einem weiteren Schritt über eine darüber hinausweisende Kritik des Existenzialismus führen.

3.2 Essenz vor Existenz?

In einer Zeit, in der es keine obersten moralischen Normen oder ethische Gebote mehr zu geben scheint, die als von außen vorgegeben allgemein anerkannt würden, sind wir alle selbst dazu verpflichtet, die Folgen unseres Handelns zu überdenken. So schwer dies auch sein mag – dies ist der Preis, den wir für unsere Freiheit zahlen. Zugleich sollten wir nicht hinter die Einsichten des Existenzialismus in unsere unhintergehbare Freiheit und Verantwortlichkeit zurückfallen.

Wir stehen daher vor der Herausforderung, eine Verantwortungsethik zu entwickeln, die immer auch situativ ist, anstatt sich nur abstrakt an gewissensgeleiteten und damit rein kognitiv-rationalen, allgemeingültigen Voraussetzungen zu orientieren. Wir stehen vor der gewaltigen Aufgabe, eine nicht schlichtweg normative, also Regeln vorgebende, sondern in erster Linie *selbst-gewusste* Ethik zu finden, für die und in der wir eigen-ständig die Verantwortung übernehmen – und zwar alle von uns, weitgehend unabhängig von irgendwelchen Diagnosen.

Wir sind demnach dazu verpflichtet, für uns selbst Handlungsregeln zu entwickeln, die sich der jeweiligen Situation anpassen und die dem einzelnen Individuum nicht rein abstrakt und unabhängig von seiner Situation vorgeben, was es zu tun oder zu lassen hätte. Situative, konkrete Moral ist stets der Verantwortung verpflichtet, muss also auf die Auswirkungen des Handelns achten und kann daher nicht nur prinzipientreu sein. Denn ansonsten würde das Gewissen als Sitz abstrakter Prinzipien nur allzu oft als Ausrede genutzt, um sich vor einer persönlichen und aktiven Stellungnahme zu drücken, etwa als Entschuldigung dafür, Hilfe zu verweigern.

Mit seinem Slogan, dass die Existenz der Essenz vorausgeht, meint Sartres Existenzialismus, dass wir Menschen ohne göttliche Vorbestimmung in die Welt geworfen sind, ohne einen Auftrag mitbekommen zu haben, den wir nur entdecken und ausführen müssten. Unser Wesen ist nicht festgelegt und wird dies auch nicht von unseren natürlichen Bedingungen. In dieser Situation müssen wir selbst unserer Existenz zu einer Essenz verhelfen. Wir müssen etwas aus uns machen. Wir schaffen uns unsere Essenz, das, was wir sind, genauso aktiv, wie wir Geschichte gestalten. In der Psychologie meint das eine Erzählung, ein Narrativ, das wir uns selbst schaffen, indem wir unsere Biographie (unser Existieren) mit Bedeutung versehen.

Dabei ist jeder Lebensmoment auch schon mit diesen einzelnen Entscheidungen verbunden: Freiheit heißt eben nicht (nur), sich einer vermeintlichen Bevormundung zu entziehen. Freiheit heißt auch, zu verstehen, dass wir für uns selbst jeweils der Maßstab des Guten zu sein beanspruchen. Wir sind dabei alle jeweils auf uns selbst zurückgeworfen, alle müssen wir jeweils selbst entscheiden, und alle dürfen das jeweils tun.

Nehmen wir diese Entscheidungsautonomie wirklich ernst, wird es schwierig, uns im Hinblick auf unser Umweltverhalten zu ent-schuldigen: Wir haben Verantwortung auch dafür, welche Formen von Gewalt wir unserer Umwelt antun.

An dieser Stelle gerät auch der Narzisst in eine Sackgasse: Wenn er dem anderen den Status des Du verweigert und ihm den Platz eines bloßen Es zuweist, beraubt er sich selbst seiner ersehnten Überlegenheit. Indem der Narzisst sein Gegenüber de-personalisiert, entrechtet und entwürdigt er sich selbst.

Damit haben wir einen Punkt ausgemacht, den wir den implizit narzisstischen Kern des existenzialistischen Projekts bezeichnen könnten: Der Existenzialismus wendet sich gegen die verbreitete traditionelle Überzeugung, dass das, was etwas sei, also das Wesen, die Essenz einer Sache, grundlegender als die reine Existenz sei, als die Tatsache, dass etwas ist. Einen von vornherein gegebenen Sinn und Wert eines Existierenden kann es daher aus Sichtweise des Existenzialismus nicht geben. (Und das erinnert verblüffend an die innere Leere eines Narzissten.)

Der Befund des Existenzialismus scheint auf den ersten Blick klar zu sein: Wir werden ungefragt in die Welt hineingeboren. Niemand hat uns zuvor gefragt, in welche Familie, welche geographische Region oder welche Zeit hinein wir kommen wollen. Ja, wir wurden nicht einmal gefragt, ob wir überhaupt das Licht der Welt erblicken möchten. An diesem Punkt begegnet der Existenzialismus dem sinnentleerten Nichts. Warum bin ich überhaupt hier? Ich wurde in eine Welt hineingeworfen, scheinbar ohne Voraussetzungen, ohne Zeichen und Sinn.

Für das existenzialistische Individuum gibt es von diesem Punkt ausgehend zunächst nur es selbst, es muss sich die Welt so schaffen, dass es sich darin zurechtfinden und gut leben kann. Damit wird deutlich, dass diese Vorstellung eines voraussetzungslosen Geworfenseins in eine Welt ohne Sinn, der etwa in einer Überweltlichkeit oder Transzendenz gründen könnte, im Grunde eine unglückliche Ausdrucksform eines Narzissmus darstellt. Das Ich ist hier nicht verwoben in ein Netz von Du-Beziehungen, es bleibt voller Sorge in einem kalten Nichts allein. Empathie wird so nicht Teil der eigenen Erlebniswirklichkeit.

In einer Welt, der Sinn und Wirklichkeit abgesprochen werden, scheint maximale Freiheit im existenzialistischen Sinn zu herrschen, nichts zwingt jemanden zu irgendetwas. Doch dieses Nichts ist im Grunde das Gegenüber des existenzialistischen Individuums – oder vielmehr sein Inneres, das dieses Individuum selbst nach Belieben aufzufüllen aufgefordert ist. Dieses Verurteiltsein zur Freiheit wird dann schnell zu einer Qual der Existenz. In dieser grundlegenden (oder eher grundstürzenden) Verneinung des Gegenübers wird zugleich auch die Welt negiert. Die Konsequenz daraus lautet dann: »Ich möchte frei sein, aufs äußerste frei. Frei wie ein Totgeborener«, wie es der rumänische Philosoph und Essayist Emil M. Cioran (1911–1995) ausdrückt.[5] In dieser Einsamkeit und Verlassenheit ist aber kein sinnvolles Leben möglich, denn es gibt keine Hoffnung darauf, jenen Zustand zu verlassen, soll das Leben nicht in äußerster Gedankenlosigkeit verlaufen. Oder anders ausgedrückt: Aus der These des Existenzialismus, menschliches Leben sei wirklich sinnlos, scheint sich als letzte Konsequenz der Suizid zu ergeben.

Wir sehen: Der Existenzialismus bietet kaum Aussicht auf ein Miteinander in einer empathischen Du-Beziehung. Der Existenzialismus versteht Wahrheit nicht als objektiv vorgegeben, sondern als existenziell und damit als ein Ergebnis individueller, kontingenter Entscheidungen. Richtigkeiten innerhalb bestimmter wissenschaftlicher oder gesellschaftlicher Vereinbarungen unterscheiden sich jedoch von Wahrheit mit Absolutheitsanspruch fundamental. Das Nichts des Existenzialismus gilt demgegenüber umfassend: Die Wissenschaft kann ebenso wenig einen wirklichen Bezugspunkt für eine Gestaltung des Daseins bieten wie die Meinung von Personen im engeren Umfeld; all das kann nicht mehr als ein Ausdruck von Wahrscheinlichkeiten sein. In steter Verneinung leugnet der Existenzialismus also Sinn und Wirklichkeit. Sofern ich zur Freiheit verdammt bin, habe ich nicht einmal mehr die Freiheit, unfrei zu sein. Das Selbst bleibt damit eine bloße Möglichkeit, denn jede Handlung schränkt die absolute Freiheit ein, es bleibt also nur eine leere Hülle. Doch, wie der Theologe Paul Tillich (1886–1965) ausführt, kann der Mensch »sich nur bejahen, wenn er nicht eine leere Hülse bejaht, eine bloße Möglich-

5 Ebd., S. 10.

keit, sondern die Struktur des Seins, in dem er sich vor jedem Handeln und Nichthandeln vorfindet.«[6]

Doch wie lässt sich eine Bedeutung von der Grundlage, der Essenz gegenüber der Existenz begründen? Eine klassische theologische Begründung lautet: Wir sind Geschöpfe Gottes. Diese Begründung hat ihre allgemeine Verbindlichkeit jedoch für die meisten längst verloren. Doch auch darüber hinaus gibt es starke Argumente dafür, dass wir eben nicht voraussetzungslos in die Welt geworfen worden sind.

Denn entgegen der existenzialistischen Annahme bringen wir bereits zahlreiche Voraussetzungen in die Welt mit. Biologisch betrachtet haben wir ein evolutionär-genetisches Gepräge, das wir weder selbst entwerfen noch ablegen können, und wir kommen mit einem grundlegenden Bedürfnis zur Welt, Sinn zu finden, in unserer Existenz eine Sinnhaftigkeit zu erfahren.

Unsere Beziehung zur Wirklichkeit beziehungsweise Natur ist ebenso mit unserer Eingebundenheit in die Welt verbunden. Die Wirklichkeit können wir nur dann erkennen, wenn wir Teil derselben sind in dem Sinne, dass wir in einen größeren Zusammenhang eingebettet sind. Ein Sachverhalt ist kaum erkennbar, wenn es nicht eine allen gemeinsame Seinsgrundlage gibt, von der her wir das jeweils Individuelle von einem Allgemeinen scheiden können.

Wären wir Menschen jedoch radikal unbestimmt, da wir uns jeweils selbst entwerfen: Wie sollten wir dann etwas anderes geschweige denn andere erkennen können? Auch lässt sich keine Begründung dafür finden, warum ein existenzialistischer Selbstentwurf einem anderen Entwurf

6 Tillich 1954, S. 111.

gegenüber zu bevorzugen wäre. Es mangelt dem existenzialistischen Individuum an geteilten, an intersubjektiven Kriterien, die das jeweilige Handeln an ein unbedingt Geltendes binden könnten. Damit fehlt jedem Handeln auch ein inhaltliches Wozu, das sich an einem Sinn orientieren könnte.

Der (atheistische) Existenzialismus verbleibt daher in einer sinnentleerten subjektiven Beliebigkeit. Und die Auseinandersetzung mit ihm erweist sich letzten Endes auch als Auseinandersetzung mit dem Ideal eines grandios-narzisstischen Selbst, das nur um die eigene leere Hülle kreisen kann, eine Hülle, die es fortwährend auf Kosten anderer füllen zu müssen glaubt.

3.3 Ein Ansatz: eine konkrete, eigenbestimmte, affektbasierte Ethik

Es zeigt sich mehr und mehr: Der Narzissmus ist ein Spiegel der Gesellschaft (und spiegelt sich seinerseits in gesellschaftlichen Strömungen wie dem Existenzialismus wider). Der Narzisst spiegelt die Gesellschaft in dem Maße, wie er der Spiegelung durch die Gesellschaft bedarf. Sein Bedürfnis besteht darin, sich groß und unangreifbar zu fühlen, will also seine Affekte auf eine bestimmte Weise regulieren. Narzissmus in der ökologischen Krise nutzbar zu machen – der Weg dorthin kann also vermutlich nur über affektbasiertes, nicht aber über moralinsaures Werteerleben gehen.

Wir haben ebenfalls gesehen: Innerhalb der Gesellschaft erkrankte, entfremdete interpersonale und kulturelle Beziehungsmuster fügen Individuen solche Wunden zu, dass eine narzisstische Verletzung überhaupt erst entstehen kann. Narzissmus ist kein beiläufiges Zeichen unserer Zeit, sondern vielmehr Symptom einer Gesellschaft, die ihre Mitglieder untereinander im Wettbewerb hart um Ressourcen konkurrieren lässt. Menschliches Streben nach Dominanz, das an die Stelle von Bemühung um Kooperation tritt, führt dazu, dass der Anteil an narzisstisch motivierten Handlungen in einer Zivilisation steigt.

Ein typischer Narzisst lässt sich daher als direkter Symptomträger einer erkrankten Gesellschaft betrachten. Auf verlorenem Grund, vor einem zerbrochenen Spiegel steht der Narzisst und benötigt doch genau jenen Spiegel, um sich den Wert seiner Existenz überhaupt vor Augen halten zu können.

Dabei steht ein typischer Narzisst selbst unter hohem Leidensdruck. Als tiefverletzter und einsamer Mensch leidet er an seiner zugleich selbst inszenierten Selbstisolation. Um sie überwinden zu können, ist er auf jene Rückspiegelung angewiesen, um sich überhaupt als *seiend* zu empfinden. So ist es, wie mehrfach angedeutet, sinnvoll anzunehmen, dass sich mit dem Versuch, das selbstbezogene Verhalten des Narzissten zu modifizieren, durchaus positive Auswirkungen für den Umweltschutz ergeben könnten.

Denn gerade der Narzisst kann besonders von selbst-bestimmtem ethischem Handeln profitieren, wenn dieses Handeln niemals von anderen als richtig oder falsch (und damit möglicherweise abgewertet) und unter Umständen sogar als richtungsweisend für andere bewertet wird. Dies ist der Fall, wenn die Umwelt nicht länger nur als ein uns umgebendes Etwas aufgefasst wird, das uns nützlich ist oder uns bedroht, von dem wir jedoch niemals ein Teil sind, da wir uns aus einer Metaperspektive immer von ihr umstellt, aber ihr doch über- oder unterworfen sehen. Vielmehr muss Umwelt als Mitwelt verstanden und zugänglich werden – als etwas, das uns repräsentiert und das wir repräsentieren, diesseits der symbolisch-kognitiven Ebene, auf der wir uns als fundamental von der Mitwelt getrennt verstehen.

Ethisches Verhalten dadurch zu motivieren und zu initiieren, dass man an das Gewissen appelliert, mag innerhalb streng reglementierter autokratischer Systeme funktionieren (wenn auch wohl eher nicht bei den Autokraten selbst). In unserer westlichen Individualgesellschaft mit narzisstischer Akzentuierung ist eine abstrakte Gesinnungsethik, eine deontologische, sich aus unverrückbaren Regeln ableitende Ethik des reinen Sollens im Sinne Immanuel Kants (1724–1804) zwar rein intellektuell nach wie vor attraktiv. Doch sie füttert fatalerweise bereits wieder die narzisstische Entwertung: Der Mensch, der aus einem individuell konstituierten Gewissen heraus handelt und sich dabei auf eine in diesem Gewissen aufscheinende höhere Moral beruft, stellt sich letztlich erneut über die anderen und über die konkrete Situation. Er agiert prinzipientreu, aber vielleicht auch lebensfern.

Ethik hat, so meinen wir, sich der konkreten Situation anzupassen, sich ihr in gewissem Sinne zu unterstellen. Eine entscheidende Rolle spielt dabei Empathie. Im Gegensatz zur Übernahme von Perspektiven ist sie keine rein abstrakt-kognitive Fähigkeit, sondern entspringt biologisch gesehen der Anlage unserer Säugetier-Gehirne. Unter dem konkreten Einsatz von Empathie haben wir zu lernen, uns situationsgerecht verantwortlich zu entscheiden, ohne uns dabei hinter Gewissensrichtlinien und Prinzipien zu verstecken und auf diese Weise doch lieber nur der Erhaltung unseres narzisstischen Selbstwerts zu dienen.

Was dabei auf dem Spiel steht, können wir durch einen erneuten Blick auf die ›vier E‹ der narzisstischen Kriterien deutlicher herausstellen. Denn diese vier Kriterien scheinen auch gesamtgesellschaftlich unserem Umgang mit Situationen in der ökologischen Krise im Wege zu stehen, da sie an die Stelle von Empathie den Ellenbogen treten lassen:

Egozentrik: Selbst dann, wenn wir unser einstmals geozentrisches, die Erde in den Mittelpunkt stellendes Weltbild schon lange durch ein heliozentrisches, ein die Sonne in den Mittelpunkt stellendes Weltbild ersetzt haben, so hat es bezüglich unseres menschlichen Selbstverständnisses noch keine derartige ›kopernikanische Wende‹ (wie Kant eine solche völlige Umbewertung nennen würde) gegeben. Wir neigen nach wie vor dazu, uns für den Mittelpunkt der Welt zu halten – und uns mit zunehmender narzisstischer Tendenz nicht einmal in sozialen Vernetzungen als Teil eines Ganzen verstehen zu wollen. Wir behandeln unseren Planeten und unsere Mitgeschöpfe als uns zur Verfügung stehende Ressourcen, die wir einfordern dürfen, auf deren Verfügbarkeit wir einen Anspruch (*entitlement*) zu haben glauben.

Empfindlichkeit: Gerade weil wir uns als den Mittelpunkt des Geschehens verstehen, erleben wir oft genug an sich neutrale Ereignisse als Affront gegen uns selbst. Wie bitte? Wir sollen nicht mehr so viel Auto fahren? Nicht mehr fliegen? Plastik vermeiden? Habe ich denn nicht das verdammte Recht, mein Leben so zu leben, wie ich es will? Das ist doch ein persönlicher Angriff auf meine Komfortzone! Da will mich jemand fertigmachen!

Empathielosigkeit: Ein typischer Narzisst (und diejenigen, die den narzisstischen Akzentuierungen der Gesellschaft folgen) verstehet seine Mitwelt zunächst kaum als ein lebendes System. Er bewertet seine Umwelt anhand dessen, was er sich von ihr verspricht. Für ihn sind Planet, Lebewesen, Menschen nutzbare Ressourcen, die er ge- und verbrauchen kann, darf und soll. Fremde Autonomie, fremdes Erleben nimmt ein Narzisst an der Umwelt, die für ihn nur Umgebung (sozusagen ›Um-Geb-ung‹) ist, kaum oder gar nicht wahr. Deshalb schmerzt es einen im Narzissmus gefangenen Menschen eher weniger, die Erde zugeteert, verwahrlost und vermüllt zu sehen. Plastik im Meer ist höchstens dann ein Ärgernis, wenn Teile am eigenen Badestrand anlanden oder mit dem Thunfisch mitgegart werden. Dass die Welt vor die Hunde geht, ist aus narzisstischer Wahrnehmung heraus zunächst nur für die Welt selbst bedauerlich.

Entwertung: Aus der empfundenen Kränkung heraus und unter Verleugnung fremder Empfindlichkeit, aus der fehlenden Sensibilität für Atmosphären, die in gegenseitigem Wohlwollen bestehen könnten, reagiert ein typischer Narzisst wie erwähnt meist mit Aggressivität. Um eigene Beschämung zu kompensieren, richtet er seinen Angriff ungebremst auf den mutmaßlichen Angreifer, versucht, diese Demütigung umzukehren: Wenn also der Planet es nicht schafft, mir genügend Ressourcen zur Verfügung zu stellen, wenn er so schwach ist, dass er seine Ausbeutung und seinen Missbrauch nicht bewältigen kann – gilt es eben abzuwarten, bis ich auf einen lebensfreundlicheren Exoplaneten auswandern kann, um dann diesen zu plündern.

So erweist sich die ökologische Krise auch als eine narzisstische Krise. Sie lässt sich nicht allein mit Forderungen einer Pflichtethik abmildern oder gar aus der Welt schaffen. Wir brauchen also geeignete Strategien, um der emotionalen Not eines Narzissten zu begegnen, ohne ihn dabei erneut narzisstisch zu kränken.

Wer dessen ungeachtet nach wie vor bloß an einer deontologischen bzw. Pflichtethik orientiertes Verhalten fordert, hat von der menschlichen Situation zu wenig verstanden: Deontologische Forderungen richten sich an das Denken, an die Kognition und in letzter Instanz an das Gewissen im Sinne von Schuld-Bewusstsein. Unsere animalische Abstammung, mithin unser Gebundensein an affektive Prinzipien, fordert hier ihren Tribut. Daher dürfte es schwierig werden, den Menschen unter bloßer Berufung auf Gewissensinstanzen und ethische Normen noch weiter von seinem sentimentalen Erleben entfremden zu wollen.

Denn es ist eben jenes Schuld-Bewusstsein, das bei narzisstischen Störungen beeinträchtigt ist oder fehlt, was die beiden ›E‹ Empathiearmut und Entwertungsneigung ins Spiel bringt. Zudem sind es Kognitionen in Gestalt eines internalisierten, unerreichbaren Idealbildes, die hier mit übermenschlichen Forderungen ein normatives Gewissen erschaffen, das nur ein Scheitern zulässt. Solche problematischen Überzeugungen bewirken offenbar zuallererst, dass sich aus der Not heraus, das fragile Selbst schützen zu müssen, narzisstische Tendenzen entwickeln.

Narzissmus kann man als Kompensation nicht erfüllbarer Forderungen und negativer Bewertungen des eigenen

Selbst, der anderen und der Umwelt verstehen. Daher ist es kontraproduktiv, narzisstischem Verhalten mit normativen Kognitionen zu begegnen. Geht es nicht vielmehr darum, Menschen zu ermöglichen, wieder zu Empathie, zu authentischem Mitgefühl mit ihnen selbst und ihrer Mitwelt zu kommen?

Insbesondere empathiehemmend wirken starke eigene Gefühle – diese hemmen umso stärker, je weniger in den prägenden ersten drei Entwicklungsjahren, in denen das eigene Selbstbild entsteht, das affektive Erleben von den Bezugspersonen empathisch begleitet worden ist. Für die allmähliche Formung eines Ich-Bewusstseins ist es erforderlich, dass das affektive Erleben angemessen *symbolisiert* wird, das heißt: Unsere fünf eindeutig gerichteten angeborenen Grundgefühle müssen die passende Be-ZEICH-nung erhalten, so dass Wut als Wut erkannt und benannt worden ist, Ekel als Ekel, Trauer als Trauer, Angst als Angst und auch Freude als Freude. Sie müssen zudem auch innerhalb des sozialen Rahmens als legitim verortet werden und auf angemessene Umgangsweisen mit diesen affektiv-emotionalen Zuständen stoßen.

Oft, beinahe immer, geht hier einiges schief: Nicht aus Böswilligkeit der Bezugspersonen, die etwa ihrem Nachwuchs absichtlich schaden wollten, sondern aus eigener Inkongruenz heraus sind die Erziehenden häufig schon dabei im Verzug, einen Affekt beim Kleinkind zu erkennen und zuzuordnen. So wird dann beispielsweise der auf organismischer Ebene vorhandene Affekt Angst irrtümlich als Trauer (häufiger bei Mädchen) oder aber als Wut (häufiger bei Jungen) verstanden. Auf diese Weise wird eine erlebte körperliche Empfindung mit einem unpassenden Begriff belegt – und das zieht weitreichende Konsequenzen nach sich: Denn der Symbolisierungsprozess umschließt nicht nur die Benennung, sondern eben auch die Prozessierung, den Umgang, mit der Emotion. Jemand, der sich wütend glaubt, aber aus einem affektiven Zustand der Angst heraus agiert, wird anders handeln und seine Aktionen anders bewerten, als jemand, der seine Angst als Angst zur Kenntnis nimmt.

In der Regel werden den meisten angeborenen Affekten jedoch durchaus passende Etikette verliehen. Dies allein bedeutet aber noch nicht, dass das von den Bezugspersonen so identifizierte Gefühl als akzeptabel gebrandmarkt wird. Oft wird es abgelehnt oder, noch verstörender: Das Kind, das ein Gefühl authentisch erlebt, wird dafür verspottet und bestraft, dieses Gefühl zu haben. Auf diese Weise entstehen erste Diskrepanzen zwischen Selbst- und Idealbild.

Weil das Bedürfnis nach Anerkennung und sozialer Akzeptanz jedoch eines unserer menschlichen, sogar überlebenssichernden Grundbedürfnisse ist, kollidiert in diesem Fall das Bedürfnis nach Kongruenz und Authentizität mit diesem Streben nach sozialer Zugehörigkeit. So werden erlebte Affekte verneint, verdrängt, ignoriert oder verzerrend symbolisiert.

Vor allem Beschämung und Demütigung, werden sie in jenem Entwicklungsalter erfahren, verhindern nachhaltig die Entwicklung eines Selbstbildes, das weitgehend mit dem Idealbild übereinstimmt. Umso dringlicher dürfte später die Präsentation eines möglichst unangreifbaren Ichs werden.

Ein weiterer Stolperstein auf dem Weg zu einer angemessenen Symbolisierung ist die Umsetzung der Emotion in passendes Verhalten. Dies muss nicht unbedingt eine motorische Aktion, also ein Ausagieren oder Ausleben des Gefühls sein und ist dies sogar nur in den seltensten Fällen. Gefühle stellen sich extrem schnell ein und können auch schnell wieder verschwinden, Selbstregulation setzt innerhalb weniger Momente ein – wenn positiv vermittelt wurde, dass jedes Gefühl ausgehalten werden kann und nach seinem Anfluten auch wieder abebbt. In einer Psychotherapie wird auch versucht, Gefühle nicht mehr als entscheidend für ausagiertes, für gezeigtes Verhalten zu verstehen. Selbstkontrolle soll so (wieder)erlangt werden. Hierbei wird das menschliche Erleben multidimensional verstanden und mit dem Begriff Verhalten in Beziehung gesetzt und übereingebracht: Es umfasst nun neben offenkundigen, sicht- und messbaren motorischen Reaktionen auch Gedanken (als kognitive Reaktion), Körperempfindungen (als physiologische Reaktion) sowie Gefühle (als emotionale Reaktion). In dem SORK-Modell, das erlerntes Verhalten bei Mensch und Tier beschreibt, lässt sich auf diese Weise verstandenes Verhalten auf vier Ebenen betrachten: 1. auf der Ebene des Stimulus aus der vorgegebenen Situation (S), 2. auf der Ebene der Variablen, die für den Organismus steht (O), also allen Vorerfahrungen, Konzepten über sich und die Welt, also auch dem narzisstischen Ideal, 3. auf der Ebene der Reaktion (R) selbst in den oben genannten Facetten, und 4. den vorweggenommenen Konsequenzen (K), die kurz- oder langfristig, positiv wie negativ, intern wie extern auf die Reaktion folgen könnten.

Das Schuldgefühl, an das eine bloße Pflichtethik appelliert, entspricht eher einem Gedanken als einem Gefühl: Eine innere Wertung bedingt die Unterscheidung zwischen ethisch akzeptablem und ethisch unakzeptablem Verhalten und ist jeweils situationsbezogen. Scham jedoch ist allumfassend und übertönt aufgrund ihrer Intensität und ihres situationsübergreifenden, transsituativen Charakters Kognitionen und Wertungen. In dem SORK-Modell würde also ein schlechtes Gewissen, ein Schuld-Gedanke, auf der R- oder K-Ebene zu finden sein, und zwar als direkte kognitive Reaktion auf ein eigenes Verhalten oder als interne, negative Konsequenz des eigenen Verhaltens. Scham jedoch liegt bereits in der Organismus-Variable als Disposition, als frühere Erfahrung, als erfahrene Demütigung und Beschämung vor.

Ethiken, die sich von feststehenden Regeln ableiten, die Pflichten im Gewissen geltend machen, pflichtgemäßes Verhalten standardisieren und als Quasi-Gesetzgebung legitimieren wollen, bekommen schambezogenes Verhalten nicht zu fassen. Narzisstisches Handeln aber entsteht aus einer schambezogenen emotionalen Notlage heraus, und zwar mit einer affektiv-existenziellen Dringlichkeit, die allein über den Verstand nicht aufzulösen ist. Es geht um eine nachträgliche Befreiung von dieser tiefsitzenden Beschämung, wollen wir narzisstisches Verhalten überflüssig machen.

Zwar hat auch eine narzisstische Persönlichkeit (selbst eine Persönlichkeit, die maligne narzisstisch ist) eine eigene Pflichtentafel, eine eigene Philosophie. Oft fordert sie rigoros ein in diesem Sinne moralisch definiertes Verhalten ein und hält sich auch selbst streng an diese Forderung. Doch hat nicht genau die Übernahme bzw. Internalisierung von fordernden und gebietenden Stimmen unsere heutige Krise, die Entfremdung von unseren Mitmenschen und unserer Mitwelt, bewirkt? Wollen wir den Teufel mit dem Beelzebub austreiben?

Schon bei einem emotional ausgeglichenen Menschen ist es daher nur bedingt sinnvoll, an sein Gewissen zu appellieren und das ist ja auch eigentlich gar nicht nötig. Eben weil wir als Menschen auch Säugetiere sind, ist uns soziales Verhalten angeboren. Es braucht viel an erfahrener Vernachlässigung und Missbrauchserfahrungen, um aus uns Herdentieren kontaktvermeidende Einzelgänger oder dauer-kompetitive, nur den nächsten Angriff erwartende Narzissten zu machen.

Es kann daher nur kurzfristig, wenn überhaupt, in eine gewünschte Richtung führen, Schuldgefühle zu wecken oder gar einen Schuldkomplex zu etablieren. Zudem wird ein Narzisst normalerweise ja nicht durch die Vermeidung von Schuld, sondern von der Vermeidung von Scham motiviert. Dies bedeutet aber nicht, dass eine auf Affekte abzielende Ethik irrational sein muss. Denn neben den abstrakten Kognitionen, auf die sich die Schuld-Ethik zu stützen versucht, gibt es eine Form der Intelligenz, die ihrerseits stark affektbezogen ist. Sie ermöglicht es, dass wir uns tief in unsere Mitwelt einfühlen können: die emotionale Intelligenz.

3.4 Intelligenz, Empathie und Einfühlung in die Mitwelt

Die heutige Intelligenzforschung bezieht sich auf uns als soziale Wesen bzw. auf unsere adaptive bzw. sich an diese anpassende Umgangsweise mit unseren Mitwesen. Es geht also um emotionale Intelligenz, ein Begriff, den maßgeblich Daniel Goleman (*1946) prägte. Für ihn sind die folgenden Fähigkeiten wichtig.

Die eigenen Emotionen zu kennen: Hohe emotionale Intelligenz bedeutet, die eigenen Emotionen möglichst gut wahrnehmen und akzeptieren zu können, während sie auftreten. Diese Fähigkeit ist ausschlaggebend dafür, das eigene Verhalten und die eigenen Antriebe zu verstehen. Menschen, die diese Fähigkeit nicht kultiviert haben, fühlen sich ihren Gefühlen ausgeliefert, lehnen ihre Gefühle ab, bekämpfen und vermeiden sie – statt sich des Umstandes bewusst zu sein, dass sich Emotionen aktiv steuern lassen.

Emotionen zu beeinflussen: Damit ist gemeint, Gefühle so zu handhaben, dass sie der Situation angemessen sind, sie also weder zu dramatisieren noch zu verharmlosen. Dazu gehört die Fähigkeit, sich selbst zu beruhigen und Gefühle der Angst, Gereiztheit, Enttäuschung oder Kränkung abzuschwächen und positive Gefühle zu verstärken. Diese Fähigkeit hilft dabei, Rückschläge oder belastende Situationen zu überwinden.

Emotionen in die Tat umzusetzen: Es ist hilfreich, Emotionen derart zu steuern, dass sie dabei helfen, bestimmte Ziele zu erreichen. Hierin besteht der Kern der Selbstmotivation. Dazu gehört es auch, in der Lage zu sein, kurzfristige (emotionale) Vorteile und Verlockungen hinauszuschieben (Belohnungsaufschub) und impulsive Reaktionen zu unterdrücken. Die Grundlage jeglichen Erfolges besteht darin, eine solche längerfristige Perspektive einnehmen zu können.

Emotionale Intelligenz stellt bei Wesen, die wie wir Menschen in Herden oder Rudeln leben, eine Grundlage für soziale Integration und damit auch für die individuelle

Existenzsicherung dar. Diese Integration vollzieht sich im sozialen Kontext als wechselseitige bzw. reziproke Bezugnahme: Ich erhalte Anerkennung, Schutz, Nahrung und biete dafür meinerseits etwas an – ein fairer Tauschhandel, den jedoch ein Narzisst unmöglich versuchen kann, umzusetzen, glaubt er sich doch dauerhaft übervorteilt und zu kurz gekommen. Neid und Missgunst bilden neben dem Leitgefühl der Scham die den Narzissmus begleitenden Hauptemotionen.

Zugleich sind narzisstische Abwertungen und narzisstische Aggressivität Externalisierung, Wendung-nach-Außen, Äußerungen der inneren selbstentwertenden Stimme des Narzissten: Der Narzisst verhält sich nach außen und nach innen hin gleich grausam. Und beides ist ein Echo der früheren Erfahrungen innerhalb seines frühkindlichen Bezugssystems, das durch die Dynamiken von Beschämung-Leistung-Übertrumpfung oder dem Ausstechen der Mitbewerber um Anerkennung geprägt war. Narzisstisches Verhalten ist also auf der einen Seite orientiert an Bedürfnissen (der grandiose Anteil strebt nach Bewunderung für das eigene Selbst) und wird auf der anderen Seite durch Angst motiviert (das verletzliche, vulnerable Selbst will den Schaden, den die drohende Beschämung angeblich verursachen wird, von sich abwenden).

Statt nun pflichtbewusst zu fragen, was wir der Welt geben können, gilt es zuerst sicherzustellen, dass es auch tatsächlich etwas gibt, das wir ihr geben können. Nur weil Sankt Martin einen Umhang hat und empathisch ist, kann er seinen Mantel teilen.

Doch wie erreichen mehr oder minder narzisstische Erwachsene ein solches Level der Empathie, wenn sie es nicht in den ersten Lebensjahren entwickeln durften? Hier hat nun die Mitwelt den Narzissten etwas zu geben.

Empathie dient der sozialen Kooperation. Doch die Fähigkeit zur Empathie beschränkt sich nicht auf den Umgang mit anderen Menschen; wir können auch mit unserer Mitwelt mit-fühlen. Wenn wir von der Natur ergriffen sind, dann stellt auch dies eine Art des überlebensförderlichen Mitgefühls dar.

Wir brauchen diese Ergriffenheit, um die gefühlte Kluft zwischen dem Selbst und der Mitwelt wieder zu überbrücken. So wird die Natur, die Umgebung, zu einem Spiegel meiner selbst. Das narzisstische Selbst fühlt sich angesichts der Natur vermutlich sicherer und geborgener als beim Anblick von Menschen: Denn von ihr ist kein Angriff auf seinen Selbstwert zu erwarten, es droht keine Beschämung und Demütigung. Dann könnte es erkennen, dass ich vieles, was ich für oder gegen die Natur tue, damit auch für mich oder gegen mich selbst tue.

Die Auswirkungen von Naturerleben auf Körper und Geist der Menschen sind vielfach erforscht. Wir haben Anlass zu der Annahme, dass regelmäßiger Aufenthalt in der Natur das Risiko für verschiedene Krankheiten mindert und das Immunsystem stärkt, psychischen Stress senkt und nicht zuletzt die geistige Leistungsfähigkeit stärkt. Dass sich die Fähigkeit, ein Problem kreativ zu lösen, nachweislich um bis zu 50 Prozent nach einem dreitägigen Aufenthalt in der Natur verbessert, wird entsprechend als ›Dreitageeffekt‹ bezeichnet.

Der positive Effekt des Naturerlebens auf das physische wie psychische menschliche Wohlbefinden ist seit langem bekannt. Bereits 1865 forderte der Landschaftsarchitekt Frederick Law Olmstedt (1822–1902) von der kalifornischen Regierung, das Yosemite-Tal unter Schutz zu stellen. Auf Olmstedt geht auch die Gestaltung des Central Park in New York zurück. Er war davon überzeugt, dass Grünflächen allen Menschen zugutekommen, und behauptete – noch ohne empirische Belege –, dass nach wissenschaftlicher Erkenntnis das Betrachten eindrucksvoller natürlicher Landschaften der Gesundheit und Kraft des Menschen, auch und vor allem seines Geistes, förderlich wäre.

Unsere heutigen Zivilisationskrankheiten wie Übergewicht, Depressionen und Kurzsichtigkeit lassen sich unter anderem zurückführen auf andauernde Aufenthalte in geschlossenen Räumen, abgegrenzt von der Natur.

Alle entsprechenden Untersuchungen kommen zu dem Ergebnis, dass die Natur und ihr Erleben gesundheitsfördernd wirken. Dies betrifft sowohl die körperliche wie die psychische Gesundheit, das Wohlbefinden, die Empathiefähigkeit und konsequente Hilfsbereitschaft wie auch die Leistungsfähigkeit. Und eben ist mit Naturerleben nicht die exzessive Nutzung der Ressource Umwelt als Touristenattraktion gemeint (wie etwa bei geführten Touren auf den Himalaya, oder Touren zu indigenen Völkern im Urwald), sondern der alltägliche, auch kurze Aufenthalt im Grünen (dem heimischen Wald, der Spaziergang über die Feldwege …).

Natur muss also nicht immer nur aktiv genutzt werden, um gesundheitsförderliche Ergebnisse zu erzielen: Schon allein das passive Erleben, die stumme Anwesenheit von Natur bringt positive Resultate. Die Aufstellung von Grün tut uns gut. Das Buch *Daten und Fakten zur Renaturierung des Hightech-Menschen* von Rainer Brämer ist eine exzellente Zusammenfassung vorliegender Studien und ihrer Ergebnisse: Wie er ausführt, haben beispielsweise schottische Untersuchungen gezeigt, dass Menschen, die in der Nähe von Parks oder anderen Grünanlagen wohnten, auch ohne deren aktive Nutzung seltener krank waren und eine niedrigere Sterberate aufwiesen. Eine kanadische Studie wies nach, dass sich ein Leben am Park auf die Gesundheit so positiv auswirkt wie ein um 18 500 € höheres Jahreseinkommen – also profitieren insbesondere die niedrigeren Einkommensschichten von der Nähe zur Natur. Soziale Unterschiede könnten innerhalb von Städten damit durch die Nähe zu Grünanlagen ausgeglichen werden.

Sollte es schwierig sein, sich direkt in der Natur aufzuhalten, dann können sogar Aufnahmen und Bilder von Landschaften den Stresshormon-Spiegel senken und auch andere Stressindikatoren wie Atmung, Herzfrequenz und Hautfeuchtigkeit positiv beeinflussen. Immer steigt auch die Leistungsfähigkeit – was jedoch nicht im Vordergrund stehen sollte. Denn die Natur und ihr Erleben sollen gerade nicht Mittel zu einem Zweck sein, der narzisstische Sehnsucht nach Grandiosität bedient; vielmehr sollte das Naturerleben bereits ein Zweck an sich sein. Denn in diesem Erleben erfolgt ja bereits Bindung, ist damit eine erste empathische Annäherung erreicht, eine Erinnerung des Säugetiergehirns an die Wechselseitigkeit einer jeden Begegnung.

Narzisstisches Verhalten zeigt wie gesagt erhöhte Neigung zu Aggressivität und geht einher mit einer herabgesetzten Impulskontrolle. Entsprechend interessant sind die Ergebnisse einer Studie zur Justizvollzugsanstalt Snake River im Osten von Oregon, die unter der Leitung von Patricia

Hasbach durchgeführt und in einer Pressemitteilung der American Psychological Association schon 2016 beschrieben wurde: Hier machte eine Gruppe von Gefangenen mehrmals pro Woche Sport in einer Halle, an deren Wände Naturvideos projiziert wurden. Eine Kontrollgruppe trieb ihren Sport in einer üblichen Turnhalle ohne solche Videos. Das unmittelbare Ergebnis zeigte sich schon während des Sports: Insassen, die innerhalb der »virtuellen« Natur trainierten, waren wesentlich ruhiger und weniger aggressiv.

3.5 Gründe dafür, dass Naturerleben einen positiven Effekt haben kann

Worauf gründet dieser positive Effekt, wenn wir Natur erleben? In der Folge sollen zur Klärung dieser Frage die wichtigsten Theorien umrissen werden, die sich mit den Hintergründen der resilienz- und gesundheitsfördernden Aspekte des Naturerlebens beschäftigen.

Die von Rachel und Stephen Kaplan entwickelte Attention Restoration Theory (ART) zielt vor allem auf die Wiederherstellung der Fähigkeit, aufmerksam zu sein, ab, indem wir mehr Natur erleben. So wird die Konzentrationsfähigkeit verbessert und wird der geistigen Erschöpfung, die heute gerne auch als Fatigue bezeichnet wird, entgegengewirkt. Vier Kriterien sind wichtig, um die Erholsamkeit von Natur besser zu verstehen:

(1) Faszination (*fascination*): Die Natur fordert Aufmerksamkeit, die uns nicht anstrengt, sondern unsere Kräfte regeneriert.

(2) weg sein (*being away*): Die Natur gewährt Abstand zum Alltag.
(3) Ausdehnung (*extent*): Die Natur ermöglicht es, sich mit ihr verbunden zu fühlen.
(4) Kompatibilität (*compatibility*): Die Natur bietet einer Person die Möglichkeit, das zu tun, was ihren eigentlichen Bedürfnissen entspricht.

Kernbegriff der ART ist die Aufmerksamkeit. Dabei wird differenziert zwischen gerichteter, mit Anstrengung verbundener und ungerichteter, müheloser Aufmerksamkeit. Natur eignet sich besonders gut dafür, die Aufmerksamkeitsfähigkeit zu regenerieren, weil sie das Interesse des Menschen weckt, ohne dass dafür gerichtete Aufmerksamkeit erforderlich wäre. So wird auch kognitive Regeneration ermöglicht.

Auch die Psychoevolutionäre Theorie des Professors für Architektur Roger S. Ulrich (*1946) geht davon aus, dass sich natürliche Umgebungen positiv auf Stresserleben und auf die körperlichen Zustände, die normalerweise mit Stress verbunden sind, auswirken.

Nach dem von Rathmann 2020 und anderen erörterten Konzept der Biophilia neigen wir Menschen dazu, mit der Natur zu verschmelzen, um auf diese Weise unsere physische, emotionale und intellektuelle Entwicklung, unsere Gesundheit und unser Wohlbefinden zu fördern.

Für alle Theorien gilt: Wir empfinden Landschaften als anziehend und angenehm, wenn sie wenig bedrohlich wirken, eine moderate Komplexität, Wasser, eine ebene Fläche, eine Aussicht, Vegetation und Fülle, räumliche Offenheit, erkennbare Muster und kurvige Grenzlinien aufweisen. In einer solchen Umgebung weichen negative Gedanken zugunsten von positiven Gedanken, Stress reduziert sich nachweisbar, die Wahrnehmung der genannten Elemente setzt positive emotionale Reaktionen in Gang. Wer in der Natur ist, pflegt weniger zu grübeln und sich nicht so sehr auf negative Emotionen zu konzentrieren, die Stimmung hellt sich auf, das Gehirn kann sich erholen.

Das vegetative Nervensystem spielt offenbar eine zentrale Rolle, wenn es darum geht, Stress zu reduzieren, und zwar sowohl auf der kognitiven als auch auf der affektiven und emotionalen Ebene.

Die japanische Bezeichnung für Waldbaden lautet *shinrin yoku*, wörtlich: ›ein Bad in der Atmosphäre des Waldes nehmen‹. Dieses Naturerleben wird auch außerhalb Japans zunehmend beliebt und ist zum Gegenstand zahlreicher Studien geworden.[7] Die Studien belegen, dass beim Waldbaden die Nervenaktivität, die bei Entspannung steigt, zunimmt. Die Stresshormone gehen zurück. Der Blutdruck wie auch die Pulsfrequenz sinkt. Das Immunsystem wird gestärkt. Kurz: Waldbaden übt einen positiven, prosozialen Effekt auf den ganzen Organismus aus: Wir kommen sozusagen netter aus dem Wald heraus, als wir hineingegangen sind.

Ist also die Hinwendung zur Natur die Lösung? Kann es wirklich so einfach sein, der narzisstischen Umweltkrise zu begegnen? Ja, in der Tat, wenn wir die Lösung nicht nur über Kognitionen suchen, sondern auch über Emotionen;

7 In *Grüntutgut* 5/2008 und American Psychological Association, »Can nature videos help improve prisoner behavior?«, 2016.

wenn wir über das Ge-Wissen hinaus auch hin zum Ge-Fühl kommen. Und es braucht wenig mehr als die einmalige und trivial anmutende Erfahrung, wie gut es tut, sich draußen im Grünen aufzuhalten, damit aus diesem singulären Erlebnis die Motivation entsteht, daraus eine Gewohnheit zu machen.

4. Ego und Öko: Grüner Narzissmus

Unsere Zeit ist narzisstisch geprägt. Naturerleben stellt ein wertvolles Heilmittel angesichts dieser Prägung dar. Natur wird hier in einem alltagssprachlichen Verständnis verwendet, denn auch Kulturlandschaften, selbst Zimmerpflanzen können positive Effekte auf das menschliche Wohlbefinden auslösen.

In der ökologischen Krise, die auch durch narzisstisches Verhalten der Umwelt gegenüber ausgelöst worden ist, droht jedoch jenes Heilmittel Natur zu schwinden. Im Prinzip wissen wir um die mit Naturzerstörung verbundenen Probleme seit Jahrzehnten.

Umso dringlicher stellt sich die Frage: Wie lässt sich auch unter ungünstigen Bedingungen eine narzisstische Persönlichkeitsstruktur für ihr Umweltverhalten interessieren? Dies würde sich diametral gegen die naheliegende Annahme wenden, dass sich bei einem Narzissten der charakteristische Mangel an Empathie auch auf dessen gesamte Mitwelt bezieht und bei ihm daher keine echte Sorge um die Mitwelt aufkommen kann. Hinzu kommt, dass nicht nur bei einem Narzissten die kurzfristigen Interessen der eigenen Person über dem langfristigen Wohlergehen der Mitwelt stehen. Zeitpräferenz bedeutet für die allermeisten Menschen in erster Linie eine Bevorzugung der Gegenwart: Nach mir die Sintflut.

Doch könnte andererseits das tiefe Verlangen nach Anerkennung umweltrelevante Themen wie etwa dasjenige der Nachhaltigkeit in den narzisstischen Alltag einbauen, wenn denn beispielsweise Nachhaltigkeit mit Prestige und Status verbunden werden könnte. Da viele Narzissten, zumindest teilweise, um ihre Persönlichkeit wissen, kann hier der Konsum ganz offen gelenkt werden. Denn wer auf Außendarstellung angewiesen ist, könnte das Elektroauto für den Einkauf im Biosupermarkt als ein Prestigeobjekt verstehen. Also: grüner Konsum aus egoistischen Motiven heraus?

Diese Motivation könnte auch über den Kreis des pathologischen Narzissmus hinaus wirken. Denn unser Wirtschaftssystem ist darauf ausgerichtet, unsere Sehnsucht nach Status und Bewunderung zu füttern. Dabei geht es nicht nur um Produkte, sondern auch um Freizeiterlebnisse, darum, Bilder auf sozialen Medien zu teilen, um Zuspruch für die eigenen Aktivitäten zu gewinnen. In solchen Zusammenhängen geben wir unsere Daten preis, damit am Ende Werbung noch individueller wird und unserem Bedürfnis nach Einzigartigkeit noch effektiver nachkommt. Machen wir uns nichts vor: Wenn wir konsumieren, sind wir keineswegs ein rational abwägender *homo oeconomicus*, vielmehr suchen wir Futter für unser Selbstbewusstsein, unsere Identität und Individualität, die wir über Produkte und Erlebnisse uns erkaufen zu können meinen. So wird unser Narzissmus zum »Triebmittel des Kapitalismus im 21. Jahrhundert«, wie die Psychologin Katharina Ohana (*1970) zusammenfasst.[8]

Dies beruht auch auf dem bei narzisstischer Persönlichkeitsakzentuierung besonders ausgeprägten Glauben daran, dass uns etwas ohne jeden Zweifel, quasi naturgegeben, zusteht, sei es Bewunderung, seien es materielle Güter. Dies ist eine deutliche Anspruchshaltung, die andere Menschen zu bloßen Zuträgern von Anerkennung macht und

8 Ohana 2022, S. 106.

für die die Mitwelt ein reiner Zubringer materieller Ressourcen ist. Der ebenso maßgebliche wie maßlose Konsum *(consumer capitalism)* trägt seinerseits massiv dazu bei, dass die Umwelt gnadenlos ausgebeutet wird. Die Reaktionen auf diese Zerstörung wirken auch auf der emotionalen Ebene und können damit wiederum, als erlebte oder befürchtete Bedrohung, narzisstische Abwehrhaltungen und Aggressionen auslösen, denn die Kritikunfähigkeit führt zu übersteigerten Reaktionen auf Kränkungen hin.

Doch wenn die narzisstische Sucht nach Anerkennung dazu führt, dass jemand seine Ernährung (regionale Produkte, zertifizierte Produkte, Fleischverzicht usw.) umstellt, ist das begrüßenswert, auch wenn die Umstellung dann nicht vor allem aus dem Grunde erfolgt, die Umweltauswirkungen gering zu halten, sondern, weil es chic ist und Bewunderung hervorruft. Auch eine Umweltentlastung aus egoistischen Motiven heraus ist eine Entlastung der Umwelt.

Statussymbole sind in der Regel teurer als konventionelle Produkte, das heißt: Der Narzisst investiert in diesem Fall mehr Geld für die Gesellschaft oder Umwelt. Ein umweltbewusster Einkauf schmeichelt dann einer narzisstischen Seele, wenn mit dem Einkauf gesellschaftliche Bewunderung einhergeht. Wenn es gelingt, dies kompetitiv zu vermarkten, dann lässt sich dieses Persönlichkeitsmerkmal positiv im Sinne einer ökologischen Zuträglichkeit wenden. Der Subtext im Marketing hat deshalb zu lauten: Der Kauf dieses Produkts ist geradezu ein Zeichen für nichtnarzisstisches Handeln und damit für ein Handeln, das der Erfahrung eines Wir entspricht, nach der auch und gerade der Narzisst sich sehnt! Gleichwohl kann das nur wirken, solange der Narzisst nicht das Gefühl hat, benutzt zu werden. Weiterhin funktioniert dies nur, solange der Konsum tatsächlich auch Bewunderung hervorruft und der Narzisst weiterhin im Glauben, die Produkte wirklich zu benötigen, einkauft. Also wirkt auch grüner Konsum aus egoistischen Motiven heraus nur, solange er als Verhalten für andere sichtbar ist. Bleibt die Bewunderung durch andere aus, gibt es keinen Grund mehr, nachhaltig zu konsumieren, und damit geht die Bereitschaft des Narzissten verloren, zugunsten des Natur- und Umweltschutzes Einschränkungen oder höhere Preise hinzunehmen.

Und wie sieht es für den grünen Narzissmus im Privaten aus, wenn nicht mehr sichergestellt ist, dass Zuspruch von außen erfolgen wird? Über Statussymbole lassen sich gewiss nachhaltige, ökologisch hochwertige Produkte einer eher narzisstisch orientierten Gesellschaft schmackhaft machen, doch bleibt dieser Ansatz angesichts der ökologischen Krise bestenfalls Stückwerk. Doch was tun mit den tieferliegenden Ursachen?

Einkommen ist heute nach wie vor ein hohes, auch statusbezogenes Gut, und generell gilt: Je höher das Einkommen einer Person, desto größer ihr Ressourcenverbrauch. Für einen Großteil der globalen Treibhausemissionen ist nur ein kleiner, vergleichsweise reicher Teil der Weltbevölkerung verantwortlich. Der Lebensstil von international erfolgreichen Geschäftsleuten, Sportlern oder sonstigen Prominenten belastet die Mitwelt überdurchschnittlich hoch. Zehn Prozent der Menschen sind für etwa die Hälfte der CO_2-Emissionen verantwortlich. Wobei sich viele dann auch darum bemühen, einen Teil der Treibhausgasemissionen zu kompensieren. Bei den Kompensationsmaßnahmen, etwa über Baumpflanzungen oder das Wiedervernässen von Moorgebieten, bleiben jedoch Unwägbarkeiten: Ein Baum, der heute gepflanzt wird, braucht viele Jahre des gesunden Wachstums, bis er ein Maximum an Kohlenstoff speichern kann. Unklar ist, welche Waldstruktur sich unter den sich wandelnden Umweltbedingungen langfristig durchsetzen kann, um die erforderlichen Kohlenstoffmengen zu speichern.

Wichtiger ist aber ein anderer Aspekt, der in der Debatte um Klimaneutralität kaum berücksichtigt wird: Die Verweildauer von Kohlendioxid in der Atmosphäre beträgt bis zu 200 Jahre. Verminderte Emissionen vermindern lediglich den jährlich neu hinzukommenden Anteil von Treibhausgasen an der Atmosphäre. Der Kohlendioxidanteil erhöht sich weiterhin. Das bedeutet aber auch, dass Kompensationsmaßnahmen wie etwa Baumpflanzungen für die Treibhausgasneutralität ihre Speicherwirkung über 100 bis 200 Jahre aufrechterhalten müssten, um wirklich zu Buche schlagen zu können. Diese langfristige Bindung von Maßnahmen zur sogenannten Klimaneutralität wird jedoch in den gängigen Programmen oft zu wenig eingerechnet.

Zudem besteht keinerlei Gewähr dafür, dass die entsprechenden Maßnahmen für eine Kompensation über die gesamte Verweildauer der zusätzlichen Treibhausgasabgabe in der Atmosphäre aufrechterhalten werden können. Das wäre aber zumindest eine notwendige Bedingung dafür, dass die Maßnahmen tatsächlich wirken.

Treibhausgasemissionen zu vermeiden ist daher immer deutlich besser als jede Maßnahme, sie zu kompensieren. Doch gerade wohlhabende Menschen genießen hohe berufliche und private Mobilität, die sich in Flügen oder Schiffsreisen niederschlägt. So kam der Geschäftsmann Bill Gates (*1955) 2017, nach einer konservativen Schätzung, auf 350 000 Flugkilometer in seinem Privatjet. Dies entspricht einer Emission von 1 600 Tonnen CO_2.

Kurz: Geld verdirbt nicht nur den Charakter, sondern scheint dies auch in Bezug auf unsere Mitwelt zu tun. Wäre es um den Zustand globaler Ökosysteme also besser bestellt, wäre die Menschheit ärmer an Geld und materiellen Gütern? Dies ist nicht notwendigerweise der Fall. Denn, wie gesehen, können reiche Menschen auch unter narzisstischen Bedingungen gesehen, wenn dies nur mit den entsprechenden Anreizen verbunden ist, mit viel Geld auch viel Gutes bewirken.

Eine konkrete Strategie dafür, wie mit viel Geld viel Gutes und nach Wunsch auch auf öffentlichkeitswirksame Weise bewirkt werden kann, stellt der von dem australischen Philosophen Peter Singer (*1946) propagierte sogenannte Effektive Altruismus (EA) dar. Er geht vom zählenden Denken in Kosten-Nutzen-Kalkulationen aus. Dabei soll berechnet werden, wo eine eingesetzte Geldeinheit den größten Nutzen stiftet; je mehr Geld ich auf solche Weise einsetzen kann, umso größer ist der Nutzen für Gesellschaft oder Umwelt.

Der EA, ein Denkansatz, der sich in den 2010er Jahren entwickelt hat, hat sich inzwischen zu einer globalen Bewegung gemausert. Sein Kerngedanke lautet: Jeder einzelne Mensch soll als Einzelner dazu ermutigt werden, so viel Gutes zu tun, wie ihm möglich ist, und zwar vorrangig in Form von Geld, das leistungsstarken Nichtregierungsorganisationen gespendet wird. Neu und zentral an der Idee ist die betriebswirtschaftliche Perspektive auf die Verwendung der Gelder.

Ein wesentlicher Grundsatz des EA besteht darin, dass jeder Einzelne einen großen Teil der eigenen überschüssigen Ressourcen spendet. Das bedeutet auch eine massive Erweiterung traditioneller ethischer Ansätze, die etwa ein Tötungsverbot oder Nächstenliebe in den Vordergrund stellen. Ziel ist es also, so viel Gutes zu tun, wie es aufgrund der jeweiligen Ressourcen möglich ist. Eine maximale Geldmenge soll die Welt so weit wie möglich verbessern helfen. Selbstverständlich dürfen sich die Verantwortlichen gerne mit ihren Erfolgen schmücken. Auf diese Weise wird dieser Ansatz besonders attraktiv für Narzissten, von denen überdurchschnittlich viele ja oft an der Spitze von Unternehmen stehen und daher entsprechende Einkommen erzielen: Es geht auch hier vor allem darum, gut dazustehen durch gute Taten.

Doch lässt sich der EA nicht generell als eine narzisstische Bewegung verstehen. Zum einen handelt es sich um eine bunte vielfältige Bewegung mit unterschiedlichen Schattierungen; zum anderen kann auch anonym gespendet werden; und schließlich umfasst eine Spende nicht nur Geldeinheiten, auch Organspenden sind denkbar. Der EA appelliert dabei nicht an Liebe, Fürsorge oder Mitleid; er will aus seiner Perspektive heraus möglichst objektiv berechnen, welcher Mitteleinsatz die meisten Leben rettet: Eine rationale Analyse ist wichtiger als Emotionen.

Und unsere üblichen Motive werden angesprochen: Wir müssen dann nur noch unserer Gier nach Geld nachgehen und brauchen daher entsprechend auch das gegenwärtige Wirtschaftssystem, um effektiv altruistisch auch die von ihm verursachten Schäden anzugehen und uns werbeträchtig mit unserer effizienten Mildtätigkeit zu schmücken. Ein Hang zum grünen Narzissmus lässt sich dem EA daher also durchaus nicht abstreiten.

Ist es also gerade die Welt eines kalten Berechnens, in der Liebe, Mitfühlen, Miterleben fehlen, in der es kein Du gibt, die wir zur Überwindung der ökologischen Krise brauchen? Unbestreitbar leisten grüner Konsum und effektiver grüner Narzissmus wichtige Beiträge. Wollen wir jedoch nicht auch noch das Menschliche, Allzumenschliche, moralische Empfindungen diesseits des rein zählenden Denkens zulassen?

Sich auf sich selbst zu beziehen, kann, wie wir gesehen haben, aufgrund eigener entsprechender Leidenserfahrungen narzisstisch verzerrt sein. Diese Verzerrung bedroht den auch und gerade für eine bessere Selbstbesinnung erforderlichen Bezug auf den anderen, weil man sich davor fürchten könnte, beschämt und entwertet zu werden. An Stelle von möglicher Resonanz mit dem anderen tritt dann oft die verbitterte Verteidigung der hart gepanzerten, grandiosen Hülle um einen leeren, selbst sehr verletzlichen Kern. Schnell kommt es dann zu einer Trennung zwischen innerem Selbst und äußerer Umwelt, die beiden Seiten Gewalt antut und aus der heraus sich das Selbst gerade nicht in seiner wesentlichen Bezogenheit auf das andere wiederfinden kann.

Diese narzisstische Brechung der Besinnung auf das eigene Selbst lässt sich in einem Prozess des Nachreifens mildern, der getragen sein könnte von einem Erleben unbedingter Annahme und Wertschätzung; ein Erleben, das auf eine besonders eindringliche Art und Weise in bestimmten

Formen des Begegnens etwa mit Natur geschehen kann. Auf diese Weise könnten sich Menschen gleichsam selbst, ohne zu zählen und ohne zu berechnen, in ihrer Mitwelt erfahren. Im Vergleich dazu wäre es nicht genug, nur das wirtschaftliche System zu bedienen, denn eben dies gefährdet die Natur, da es nur ihren Nutzwert kalkulieren kann.

Wir werden in Zukunft beides brauchen: den grünen Narzissmus, solange wir in Strukturen leben, die die Überwindung unserer narzisstischen Grundausrichtung nicht gestatten, und ein Leben, das mit einem etwas angestaubt klingenden Begriff tugendhaft ist – in dem sich nach dem antiken Verständnis von Tugend (*arêtê*) Empathie, Demut, und letzten Endes im Sinne einer vorbehaltlosen Annahme auch Liebe in einen Lebensstil einbeziehen lassen, der einen Weg durch die ökologische Krise bahnt und daher in einem umfassenden Sinn sinnvoll ist.

Epilog

Nicht nur die Welt verändert sich, auch die Menschen, die diese Welt bedingen und bewohnen, verändern sich. Was früher noch als krank und fehlgeleitet galt, mag heute als normal erscheinen (und umgekehrt). So wie sich die durchschnittliche Körpergröße und das Gewicht über die Jahrzehnte hinweg entwickelten, wie heute andere Vorstellungen zu einem gesunden Lebensstil unseren Alltag prägen und uns andere Schönheitsideale beeinflussen, zeigen sich auch im Bereich des Verständnisses von Persönlichkeitseigenschaften drastische Veränderungen: Wenn wir noch bis zur Ablösung des ICD-9 (dem in Europa geltenden Internationalen Klassifikationssystem von Krankheiten) zum Januar 1998 durch den ICD-10 die Diagnose ›Narzisstische Persönlichkeitsstörung‹ stellten, strich der ICD-11 im Jahr 2022 alle spezifischen Persönlichkeitsstörungen aus dem Katalog. Und das, obwohl nachgewiesenermaßen der Narzissmus sowohl individuell als auch gesellschaftlich auf dem Vormarsch ist!

Die Welt, in der wir heute leben, ist von eben jenen Auswirkungen eines selbstbezogenen, empathielosen und entwertenden Narzissmus geformt und wird weiter von ihm bestimmt, und dies eben auch, weil sich vor allem auf den höheren Karrierestufen die höchste Dichte von Narzissten und Narzisstinnen finden lässt.

Und doch sucht jeder Narzisst nur Zuwendung: Narzisstisches Verhalten entspricht aus der Not geborenen Bewältigungsstrategien. Egozentrismus, Empathielosigkeit und Empfindlichkeit wie auch die Entwertung der Mitmenschen sind zwar hochgradig dysfunktionale Eigenschaften, resultieren dabei jedoch aus einem erlebten emotionalen Mangel. Alles, was Menschen und andere Tiere tun, ist darauf gerichtet, Bedürfnisse zu befriedigen. Doch nicht jedes Verhalten ist dabei mittel- oder langfristig sinnvoll und erfolgreich.

Mit jener narzisstischen Not korrespondiert ein sehr frühes Verlassensein: Ohne ein bedingungslos wertschätzendes, spiegelndes ›Du‹ sah sich das Kind einsam einer bedrohlichen Welt gegenüber. Diese primären belasteten Bindungserfahrungen können durch das Erleben der Mitwelt aufgefangen werden: Denn insbesondere als Kinder erfahren wir die uns umgebende Welt als durch und durch lebendig, wir erfahren sie als Gegenüber.

Es wäre also möglich, in der Auseinandersetzung mit Natur diese unbedingt nötige wohlwollende Akzeptanz zu erfahren – denn die Natur (be-)wertet uns nicht. Im Gegenteil: Sie stellt sich uns anspruchslos zur Verfügung.

Doch finden wir uns heute in einer Welt, die man als entfremdet und verdinglicht bezeichnen kann: Der fehlende Ich-Du-Bezug resultiert nicht nur aus eingeschränkten sozialen Beziehungen, sondern auch aus einer größtenteils verloren gegangenen Naturbeziehung. Zeitgenössisches Naturerleben beschränkt sich häufig auf einen Ausflug zur Sommerrodelbahn oder auf das winterliche Skivergnügen. Im Alltag fehlt in unserer modernen Stadtkulisse inmitten versiegelter Flächen oft sogar der einfache Blick ins Grüne. Der Arbeitsweg führt nur noch selten über Felder oder am Bach entlang. In der Regel steigt der moderne Arbeitnehmende morgens ins Auto oder in die Bahn, verbringt den Tag innerhalb eines Gebäudes und absolviert abends noch schnell im Fitnessstudio auf dem Laufband seine Sporteinheit.

In diesem Alltag leben wir eine Ich-Es-Beziehung, unser Selbst findet kaum Resonanz außerhalb seines eigenen Ichs.

Die Grundbedingung der Empathie ist somit verloren: dem Narzissmus ist Tür und Tor geöffnet. Doch führt er nicht ins Weite, Freie, sondern in die ihm eigene emotionale Gefängniszelle.

Wenn Martin Buber noch betonte, dass auch im Naturerleben eine Ich-Du-Erfahrung stattfinden kann, im Kontemplieren eines Baums, einer unverbauten Landschaft, eines Wasserlaufs, so ist uns dies heute meist abhandengekommen.

Es ist diese Vereinzelung, dieses Zurückgeworfensein auf einen selbst, was den Narzissten verzweifelt nach einem Gegenüber suchen lässt. Bis dahin, dass er sein Spiegelbild für ein wahres Gegenüber hält.

Was narzisstisches Verhalten bestimmt, ist die Sehnsucht nach Einzigartigkeit. Denn nur diese verspricht seiner kindlichen Seele die so dringend benötigte Anerkennung, gewährleistet soziale Akzeptanz. Hier stoßen wir auf ein großes Paradox: denn es geht ums Dazugehören – und die einzige Strategie, die sich der Narzisst aneignen konnte, ist die, alle angenommenen Konkurrenten zu übertrumpfen.

Wenn es nun gelingt, die narzisstische Sehnsucht nach Besonderheit umzulenken und im Sinne umweltgerechten Agierens positiv zu nutzen, also in den Dienst des Mitweltschutzes zu stellen, profitiert nicht nur unser Planet. Wenn nicht mehr umweltschädliche Verhaltensweisen (der dicke Sportwagen, die weiteste Fernreise, die Villa mit Pool, der Rassehund, das Rennpferd …) gesamtgesellschaftlich Anklang finden, sondern mehr und mehr mitweltschützendes Handeln Beifall findet (und das gilt auch für Politik, Bildung und Wirtschaft), können sich die positiven Eigenschaften narzisstischer Strukturen zeigen: Die Hartnäckigkeit, der Ehrgeiz, das Dominanzbestreben und nicht zuletzt die oft vorhandene strategische Klugheit können Narzissten zu besonders erfolgreichen Umweltschützern werden lassen, die ihrerseits als Vorbild dienen können.

Grüner Narzissmus hat jedoch auch einen direkten, heilsamen Echoeffekt: Denn die verwundete narzisstische Seele erfährt sowohl durch die ihr als umweltbewussten Menschen zugeteilte soziale Anerkennung direkte Beruhigung, als auch (in einem weitaus bedeutenderen Sinne) emotionalen Balsam durch eine dann mögliche echte Naturbegegnung: ein bewusster Moment im Grünen, im Wald, am Wasser, mit Pflanzen, mit Tieren, mit allem Lebendigen, das dem existenziell isolierten Narkissos die verstellte Ich-Du-Erfahrung nachträglich erlaubt. Dann findet Narkissos vielleicht doch noch innere Ruhe, dann kann er wirklich in Bezug mit der ihn umgebenden Welt treten.

Literaturhinweise

Aristoteles: Nikomachische Ethik. Übers. und hrsg. von Gernot Krapinger. Stuttgart 2017.

Batthyány, A.: Die Überwindung der Gleichgültigkeit. Sinnfindung in einer Zeit des Wandels. München 2017.

Bauer, J.: Fühlen, was die Welt fühlt. Die Bedeutung der Empathie für das Überleben von Menschheit und Natur. München 2020.

Buber, M.: Das dialogische Prinzip. Gütersloh 2006.

Cioran, E. M.: Vom Nachteil, geboren zu sein. Frankfurt am Main ²1981.

Hähnel, M. / Schlitte, A. / Torkler, R.: Was ist Liebe? Philosophische Texte von der Antike bis zur Gegenwart. Stuttgart 2015.

Klages, Ludwig: Mensch und Erde. Jena 1913.

Lübbe, H.: Politischer Moralismus. Der Triumph der Gesinnung über die Urteilskraft. Münster 2019.

Rank, Otto: Ein Beitrag zum Narzissismus. In: Jahrbuch für psychoanalytische und psychopathologische Forschung 3 (1911). S. 401–426.

Rathmann, J.: Therapeutische Landschaften. Landschaft und Gesundheit in interdisziplinärer Perspektive. Wiesbaden 2020.

Rathmann, J. / Voigt, Uwe (Hrsg.): Natürliche und Künstliche Intelligenz im Anthropozän. Darmstadt 2021.

Sartre, J.-P.: Das Sein und das Nichts. Versuch einer phänomenologischen Ontologie. Reinbek bei Hamburg 1991.

Wieseler, Friedrich: Narkissos. Eine kunstmythologische Abhandlung nebst einem Anhang über die Narcissen und ihre Beziehung im Leben, Mythus und Cultus der Griechen. Göttingen 1856.

Grüntutgut 5/2008. (Online unter: natursoziologie.de; letzter Zugriff: 13. 05. 2024.)

American Psychological Association: »Can nature videos help improve prisoner behavior?« 5. 8. 2016. [Online unter: https://www.apa.org/news/press/releases/2016/08/nature-videos-behavior; letzter Zugriff: 13. 05. 2024.]

Zu den Autor:innen

Marion Friedrich, geb. 1973, ist Psychotherapeutin und Lehrbeauftragte der Universität Augsburg am Lehrstuhl für Philosophie mit Schwerpunkt Analytische Philosophie und Wissenschaftstheorie, und psychtherapeutisch in eigener Praxis tätig.

Joachim Rathmann, geb. 1972, ist Privatdozent am Lehrstuhl für Geographie und Regionalforschung der Universität Augsburg.

Uwe Voigt, geb. 1965, ist Inhaber des Lehrstuhls für Philosophie mit Schwerpunkt Analytische Philosophie und Wissenschaftstheorie an der Universität Augsburg.